बॉडी लैंग्वेज

बॉडी लैंगवेज

(बिना कहे-सुने जानें, लोगों के मन की बातें)

एम.के. मजूमदार

ज्ञान विज्ञान एजूकेयर

प्रकाशक • **ज्ञान विज्ञान एजूकेयर**
3639, प्रथम तल
नेताजी सुभाष मार्ग, दरियागंज
नई दिल्ली–110002

संस्करण • 2019
मूल्य • चार सौ रुपए
मुद्रक • आर–टेक ऑफसेट प्रिंटर्स, दिल्ली

BODY LANGUAGE *by* M.K. Mazumdar ₹ 400.00
Published by **GYAN VIGYAN EDUCARE**
3639 Netaji Subhash Marg, Darya Ganj, New Delhi-110002
ISBN 978-93-84344-17-7

अपनी बात

बॉडी लैंग्वेज यानी शरीर की भाषा, शरीर के अंगों के हाव-भाव। बिना कोई बातचीत किए व बिना शब्दों का इस्तेमाल किए हम कितना कुछ कह जाते हैं। इसका अंदाजा इस बात से लगाया जा सकता है कि हमारे हाव-भाव शब्दों की कमी को कितनी सरलता व सुघड़ता से पूरा कर जाते हैं। बॉडी लैंग्वेज विशेषज्ञों के अनुसार, व्यक्ति 70 फीसदी बातें अपने हाव-भावों के जरिए करता है। जब शरीर के हाव-भाव या बॉडी लैंग्वेज हमारे जीवन में इतना महत्त्वपूर्ण रोल अदा करते हैं तो फिर हम अपनी भावभंगिमाओं की ओर ध्यान क्यों नहीं देते हैं? उन्हें समझने की कोशिश क्यों नहीं करते हैं?

शरीर जो कुछ कहता है वह कई हजार शब्दों से ज्यादा होता है। शरीर की भाषा शब्दों के मुकाबले में कहीं ज्यादा होती है। शरीर के हाव-भाव ही यह निर्धारित करते हैं कि सामनेवाले व्यक्ति का आचरण आपके प्रति कैसा होगा।

शरीर के हाव-भाव जैसे दृष्टिगोचर होंगे, व्यक्ति के बारे में लोगों की राय भी वैसी ही कायम होगी। अगर शरीर की भाषा की समझ व्यक्ति को पहले से ही हो तो वह अपने आप को आसानी से दूसरों की अपेक्षा समझ सकता है व जीवन में सकारात्मक परिवर्तन ला सकता हैं। बॉडी लैंग्वेज की मदद से सफलता पाने के रास्ते सरल भी बनते जा रहे हैं तथा संबंधों में सुधार भी लाया जा रहा है।

आपसी बातचीत का मूलभूत तरीका आदिकाल से एक सा है। जैसे हाथ मिलाना, सिर हिलाना, सांत्वना देने के लिए हाथों से स्पर्श करना आदि। आधे से ज्यादा बातचीत तो हम एक-दूसरे की शक्लें देखकर ही समझ जाते हैं या कर लेते हैं। शरीर की भाषा निरंतर संकेत देती रहती है। व्यक्ति द्वारा मुसकराना, बालों में उँगलियाँ फिराना, अपना कान पकड़ना, कानों को खुजलाना, आँखों को मिचमिचाना, होंठों को सिकोड़ना जैसे तमाम हाव-भाव बॉडी लैंग्वेज की भाषा कहलाते हैं।

किसी से निगाह मिलाकर मुसकराकर बात करना बातचीत का 60 फीसदी

हिस्सा होता है। बातचीत के दौरान हलके से मुसकराने, गरदन को हिलाने या हामी भरते समय गरदन को हिलाने से यह जाहिर होता है कि आप सामनेवाले की बातों में रुचि ले रहे हैं और सामनेवाले की बातों को समझना भी चाहते हैं।

बातचीत के दौरान हिलते हाथ व्यक्ति के मनोभावों को शब्द प्रदान करते हैं। इंटरव्यू के समय आपका कमरे में घुसने का अंदाज, आपके द्वारा कुरसी पर बैठकर बातचीत करने का तरीका आपके आत्मविश्वास के स्तर को उजागर करता है। आपकी डिग्री अपनी जगह होती है और आपके बॉडी लैंग्वेज को अलग नंबर दिए जाते हैं।

रिसर्चों से पता चलता है कि महिलाएँ बॉडी लैंग्वेज को पुरुषों के मुकाबले बेहतर तरीके से पढ़ व समझ पाती हैं। वे पुरुषों की अपेक्षा ज्यादा मुसकराती हैं। बॉडी लैंग्वेज को एक कोड की तरह समझें, जो दूसरा या आपके सामनेवाले व्यक्ति डिकोड करते हैं। अपने शरीर की भाषा को आप जितना पेचीदा बनाएँगे उतनी ही पढ़नेवाले को कठिनाई महसूस होगी। आपकी चाल-ढाल और बैठने का ढंग आप के सामने बैठे व्यक्ति के प्रति आपकी संवेदनशीलता, राय और सोच को दरशाता है।

यदि इस भाषा को समझने की कोशिश की जाए तो हम एक बेहतर अभिव्यक्ति लिए संवेदनशील व्यक्तित्व के मालिक बन सकते हैं। व्यक्ति अपने सामनेवाले के हाव-भाव और शरीर की भाषा को समझकर व पहचानकर बेहतर शब्दशिल्प द्वारा अपना कार्य कर सकते हैं।

—एम. के. मजूमदार

मुंबई
मोबाइल-09039828298/09869945837
email : mkmazumdar@gmail.com
www.mkmazumdar.com

अनुक्रम

बॉडी लैंग्वेज समझने के लिए कुछ खास बातें

बॉडी लैंग्वेज वह भाषा है जो किसी व्यक्ति के बारे में बिना कुछ कहे बहुत सारी बातें कह देती है। बॉडी लैंग्वेज को दुनिया की सबसे पुरानी भाषा माना जाता है। जब मानव सभ्यता का विकास नहीं हुआ था उस वक्त आदिमानव द्वारा किसी बात को समझने या समझाने के लिए इशारे का उपयोग करते थे, यही देह की भाषा यानी बॉडी लैंग्वेज है। जैसे-जैसे उनमें मानसिक विकास हुआ, उनमें समझ आने लगी। धीरे-धीरे शब्द, फिर वाक्य और फिर भाषा का जन्म हुआ।

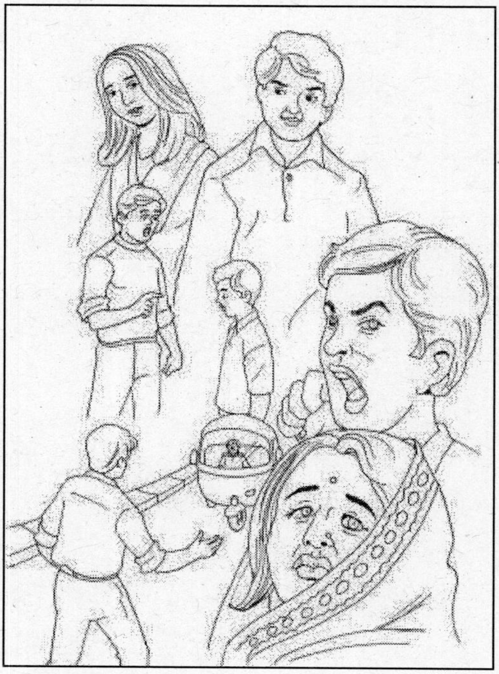

आज दुनिया में एक लाख से भी अधिक भाषाएँ हैं। इनमें से अनेक भाषाएँ खत्म होती जा रही हैं। क्योंकि उन भाषाओं के बोलनेवालों की संख्या कम होती जा रही है। उन्नति व विकास के चलते कुछ खास भाषाओं का प्रभाव ही बढ़ता जा रहा है। जिसके चलते भी भाषाएँ खत्म होती जा रही हैं। इन सबके बावजूद दुनिया की सबसे पहली भाषा यानी

देह की भाषा (बॉडी लैंग्वेज) पर कोई प्रभाव नहीं पड़ रहा है। इस भाषा का इस्तेमाल सारी दुनिया में जाने-अनजाने किया जा रहा है।

सारी दुनिया में बोली जानेवाली भाषाओं में चाहे जितनी भी भिन्नता क्यों न हो पर शारीरिक हाव-भाव, भाव-भंगिमाएँवाली भाषा बॉडी लैंग्वेज पूरी दुनिया में लगभग एक जैसी ही है। हाँ, कुछ जगहों पर भाव-भंगिमाओं के अर्थ जरूर अलग-अलग हो जाते हैं।

बॉडी लैंग्वेज का लिखित इतिहास काफी पुराना है। सामुद्रिक शास्त्र, मुखाकृति विज्ञान, देह की भाषा, अंग लक्षण जैसे पुस्तकों में मिलता है। इसके बावजूद इस भाषा के बारे में 9वीं शताब्दी तक अधिकतर लोगों को जानकारी नहीं थी। इसके बाद भाषा विज्ञानियों का ध्यान इस भाषा पर गया। भाषा विज्ञानियों ने जाना कि मानव अपनी बात को समझाने के लिए बातचीत के अलावा अपने हाव-भाव का भी प्रदर्शन करता है। प्रसिद्ध ज्योतिषविद् काउंट लुईस हेमन उर्फ कीरो ने इस विषय में काफी शोध किया। उन्होंने मानव अंग के लक्षण को लेकर 'मेलोसोफी' नामक एक पुस्तक लिखी जो काफी प्रसिद्ध हुई। कीरो की इस पुस्तक में चेहरे, शारीरिक अंग की बनावट, स्वर, गति आदि द्वारा मानव के स्वभाव व व्यक्तित्व को विराट रूप में परिभाषित किया गया था। कीरो ने अपनी पुस्तक में स्त्री-पुरुष के हर अंग के बारे में व्याख्या ही नहीं बल्कि शारीरिक बनावट और स्वभाव पर विस्तृत विश्लेषण किया गया था। इस पुस्तक ने सारी दुनिया में तहलका मचा दिया। पुस्तक के कई संस्करण हाथोंहाथ बिक गए। लोगों को इस अनजानी भाषा के बारे में जानकारी मिली। इसके बाद इस विषय पर गंभीर रूप से शोध होने लगे।

इस बीच जर्मन के प्रसिद्ध प्राकृतिक चिकित्सक डॉक्टर लुई कुने की एक पुस्तक 'मुखाकृति द्वारा रोगों की पहचान' आई। इस पुस्तक ने मेडिकल जगत् में तहलका मचा दिया। पुस्तक में मुखाकृति द्वारा लोगों के स्वभाव व चरित्र की पहचान के साथ बीमारी की पहचान के बारे में जानकारी दी गई थी। इस पुस्तक पर आधुनिक वैज्ञानिकों ने शोध किया तो वे आश्चर्यचकित रह गए, जो गहन शोध के बाद बीमारियों के बारे में मिलती थीं। लुई ने मात्र चेहरा देखकर उसकी पहचान की थी। लुई कुने का कहना था, सिर्फ बीमारी ही नहीं चेहरे द्वारा मनुष्य के स्वभाव व चरित्र के बारे में आसानी से पहचाना जा सकता है। अमरीकी डॉक्टर वी.डी. पोडोलस्की का कहना है, बॉडी लैंग्वेज द्वारा मानव के स्वभाव, व्यवहार, स्तर व व्यक्तित्व के बारे में आसानी से पता लगाया जा सकता है।

ऑस्ट्रेलिया के मनोचिकित्सक एलन पीज ने सन् 1971 में एक सेमिनार में

पहली बार बॉडी लैंग्वेज के बारे में सुना। उस वक्त उनके दिमाग में बॉडी लैंग्वेज को लेकर अनेक तरह की बातें आईं। इस विषय पर वे अपने दोस्तों, रिश्तेदारों से चर्चा करने लगे। बॉडी लैंग्वेज पर जानकारी लेने के लिए पुस्तकालयों में जाकर पुस्तकों का अध्ययन करने लगे। उन्होंने देखा इस बारे में काफी कम जानकारियाँ पुस्तक के रूप में उपलब्ध हैं। एलन पीस ने व्यावहारिक वैज्ञानिकों के शोध, समाज विज्ञान, नृविज्ञान, प्राणीशास्त्र, शिक्षा, मनोविज्ञान, पारिवारिक परामर्श, व्यावहारिक विनिमय जैसे विषयों में किए गए शोध को मिलाकर अपनी भाषा में बॉडी लैंग्वेज पर एक पुस्तक तैयार की। यह पहली पुस्तक थी जिसमें बॉडी लैंग्वेज की बात की गई थी।

दुनिया भर के लोग प्रभावी तरीके से संपर्क बनाने के लिए अपने हाथ, सिर और शरीर का इस्तेमाल करते हैं। सामाजिक मानव विज्ञानी एडववार्ड टी हॉल का दावा है कि हमारे कुल संपर्कों का 60 प्रतिशत गैर-मौखिक होता है। ऐसी स्थिति में हम बिना संकेतों के एक-दूसरे से संपर्क कैसे कायम कर सकते हैं? लुईविले विश्वविद्यालय के मनोविज्ञान के प्रोफेसर डॉ. बर्डव्हिसल के अनुसार बॉडी लैंग्वेज यानी बात करते समय हमारे हाव-भाव शब्दों व वाक्यों की तरह प्रभाव डालते हैं।

यह प्रभाव किसी कलाकार द्वारा बड़े ही प्रभावशाली ढंग से प्रस्तुत किए गए कला से भी अधिक प्रभावशाली होता है। बॉडी लैंग्वेज का प्रभाव मुँह से बोले गए किसी भी लैंग्वेज से काफी अधिक व लंबे समय तक प्रभावकारी होता है।

जब कोई खूबसूरत लड़की बड़ी अदा के साथ किसी लड़के की ओर देखती है, यह उस लड़के के लिए अविस्मरणीय हो जाती है। यह अदा लड़की न मुँह से कह सकती थी, न ही लड़का लड़की के द्वारा कहे कुछ शब्दों को सुनकर उतना प्रभावित हो सकता था। आमतौर पर लोग काफी सहजता से दैनिक जीवन में इशारों का इस्तेमाल करते हैं। पर वे यह नहीं समझ पाते हैं कि वे बॉडी लैंग्वेज यानी देह की भाषा का इस्तेमाल कर रहे हैं।

जिस तरह से किसी को हाथ के इशारे से बुलाना, हाथ दिखाकर ऑटो रिक्शा को रोकना, आँखों के द्वारा किसी को डराना, पैर दिखाकर किसी को बुरी बात कहना, घूँसा दिखाकर रोब जमाना, ताल ठोककर चुनौती देना, सीटी बजाकर किसी को अपनी ओर आकर्षित करना ऐसे अनेक इशारे हैं, जिनका इस्तेमाल लोगों द्वारा जाने-अनजाने में किया जाता है।

हाथ मिलाना किसी से संपर्क करने का पहला स्वरूप है। इसके द्वारा किसी के स्वभाव, व्यक्तित्व, प्रभाव, उसके रहन-सहन आदि के बारे में आसानी से मालूम किया जा सकता है। हाथों की कठोरता व मुलायमियत को महसूस कर उसके द्वारा किए जानेवाले कार्य को भी समझा जा सकता है। गंदे व साफ हाथ उसके स्वच्छता व उसके घर के रहन-सहन को उजागर करते हैं।

हाथों के अलावा चेहरे के भाव भी किसी की बात को कहने में महत्त्वपूर्ण भूमिका निभाते हैं। चेहरे पर उत्पन्न होनेवाले भाव सुख-दुःख, उलझन, परेशानी, निराशा को बयान कर देते हैं। व्यक्ति की आँखें उससे भी अधिक बातें बिना कहे कह देती हैं, इसलिए आँखों को व्यक्ति के चरित्र का आईना कहा जाता है।

बॉडी लैंग्वेज पर की गई रिसर्च में यह बात सामने आई है। जो शब्द मनुष्य मुँह से कह नहीं पाता है, उसे शरीर अपने आप शारीरिक गतिविधियों और हाव-भाव से कह देता है। जैसे अचानक डरने या सहम जाने पर हम अपनी आँखें झपका लेते हैं एवं काँपने लगते हैं। बॉडी लैंग्वेज के अनुसार, किसी भी व्यक्ति द्वारा कही गई बात तब अधिक प्रभावशाली होती है, जब उसके कहने का ढंग प्रभावशाली हो। मतलब यह अहमियत नहीं रखता है कि वह क्या कह रहा है, यह खास होता है कि वह किस तरह से कह रहा है। एक रिसर्च के मुताबिक, किसी की बातों के इंपैक्ट में शब्दों का महज सात प्रतिशत योगदान होता है। जबकि बाकी

असर नान वर्बल सिगनल, जेस्चर्स, वॉयस टोन, चेहरे के हाव-भाव से होता है। विशेषज्ञों का यह भी कहना है, खामोशी शब्दों से ज्यादा बोलती है, तभी तो कहते हैं नेचुरल रहना चाहिए।

किसी के चेहरे को पढ़ना मनोवैज्ञानिक कार्य है। पर हर कोई मनोवैज्ञानिक तो है नहीं जो चेहरे को पढ़कर सामनेवाले के बारे में बात बता दे। परंतु मनोवैज्ञानिक न होने के बावजूद हर किसी के अंदर में थोड़ी-बहुत परखने की कला होती है। जिसके द्वारा वह सामनेवाले के स्वभाव को पहचान लेता है। यह तो लोग आसानी से पता लगा लेते हैं कि सामनेवाला आज खुश है या गुस्से में है।

चेहरे पर ध्यान देंगे तो आसानी से समझ जाएँगे कि व्यक्ति के अंदर दिल और मस्तिष्क में क्या चल रहा है। उसके चेहरे के हाव-भाव खुलकर कह देंगे। इनसान लाख कोशिश करे, परंतु अपने अंदर उत्पन्न होनेवाले विचारों की प्रतिक्रिया को चेहरे पर आने से नहीं रोक पाता है। चेहरे को पढ़ने में आँखें, नाक, होंठ, भौंहें आदि सबका अपना स्थान है, किंतु आँखों का विशेष महत्त्व होता है, क्योंकि आँखें रोती हैं और क्रोधित भी होती हैं तथा आँखें ही बोलती भी हैं एवं कई बार आँखें चार भी हो जाती हैं।

अनेक लोग एक-दूसरे के साथ जल्दी घुल-मिल जाते हैं। इसकी वजह है उनकी सही बॉडी लैंग्वेज यानी जब भी किसी से मिलो उसकी भाषा में बात करो। जब तक आप मिलनेवाले की भाषा में बात नहीं करेंगे, तब तक आप उससे घुल-मिल नहीं पाएँगे। कहने का मतलब है जो जैसा होता है उसकी तरह व्यवहार करना जरूरी होता है। किसी बात पर सहमति न होने पर न चाहते हुए हाँ-में-हाँ मिलाना जरूरी होता है। सामनेवाला बेमतलब पका रहा है, यह जानकर भी सहना होता है।

फर्स्ट इंप्रेशन इज लास्ट इंप्रेशन इसके पीछे भी साइकोलॉजी है। इस साइकोलॉजी को समझना जरूरी है। तभी आप दूसरों के सामने खुद को हमेशा अपने बेहतरीन अंदाज में पेश कर पाएँगे। साइकोलॉजिकल अध्ययनों से पता चलता है कि पहली मुलाकात में ही अगर हम अच्छा प्रभाव न छोड़ पाएँ तो आगे भी आपको पॉजिटिव रिस्पांस नहीं मिलेगा।

विशेषज्ञों का कहना है कि एक बात हमेशा याद रखें, फर्स्ट इंप्रेशन की साइकोलॉजी ही ऐसी है कि जिससे आप मिल रहे हैं, उसे क्या पड़ी है कि वह आपसे मिलने के पहले आपके बारे में अपनी राय बना ले। पहली मुलाकात में यदि आप अपना इंप्रेशन उस पर नहीं छोड़ सकते हैं तो मिलनेवाला शख्स आपसे दुबारा

क्यों मिलेगा। फर्स्ट इंप्रेशन में ही अपने सारे पॉजिटिव प्वॉइंट को सामने लाना जरूरी है। जिससे आपसे मिलनेवाला आपसे प्रभावित हो जाए।

परिधान हमारे शिष्टाचार, भाषा एवं कल्चर की परछाईं है। हर व्यक्ति का पहनावा उसकी मनोस्थिति ही नहीं, बॉडी लैंग्वेज का भी अहम हिस्सा होता है। बॉडी लैंग्वेज प्रभावी बनाने के लिए ड्रेसिंग सेंस भी बहुत जरूरी है, क्योंकि पहनावा आत्मविश्वास बढ़ाता है। इसका अर्थ यह नहीं है कि हम सारे फिल्मी सितारों की तरह स्टाइलिश कपड़े ही पहनें। अवसर एवं माहौल के हिसाब से परिधान पहनने में ही समझदारी होती है।

हाजिरजवाबी हमारे व्यक्तित्व एवं बॉडी लैंग्वेज में चार चाँद लगा देती है। अगर हाजिरजवाबी हों तो इंप्रेशन ऐसा लगता है कि पूरा माहौल यादगार बन जाता है। सामाजिक विषय, मनोरंजन, सामान्य ज्ञान आदि की जानकारी से तो माहौल और भी दिलचस्प हो जाता है।

बॉडी लैंग्वेज के बारे में मुझे भी पढ़ने व जानने की जिज्ञासा बचपन से थी। उस वक्त मेरी जिज्ञासा को कोई शांत नहीं कर सका। अलबत्ता अपने कुछ खास मित्र के साथ किसी व्यक्ति के हाव-भाव, शारीरिक गठन व चाल देखने के बाद उसके चरित्र के बारे में चर्चा करता था। उस वक्त यह एक खेल व टाइमपास की तरह था।

जब मैं अपने गाँव से निकलकर शहर में आया तो मुझसे इस विषय पर चर्चा करने के लिए काफी लोग मिले, पर सिर्फ चर्चा होती थी। उस वक्त से मैं इस विषय में खोजबीन करता रहा। बॉडी लैंग्वेज पर अधिक जानकारी अभी छपी नहीं है। नेट पर इस विषय में काफी सामग्रियाँ हैं। उतनी जानकारी तो इस पुस्तक में देना मुश्किल था। मैंने उनमें से मेरे हिसाब से जरूरत की सामग्री इस पुस्तक में प्रस्तुत की है।

इस पुस्तक को लिखने के लिए मैंने कई पुस्तकों, वेबसाइट पर दी गई जानकारियों, लोगों से की गई बातचीत, मुहावरों आदि में दी गई जानकारी आदि सामग्रियाँ तैयार कीं। इस पुस्तक में दी गई जानकारी सिर्फ अनुमानित है। इसे सिद्ध नहीं किया जा सकता। दी गई सामग्री हो सकता है किसी पर पूरी तरह से फिट बैठे और किसी-किसी पर न बैठे। हो सकता है किसी को इस जानकारी से ठेस पहुँचे। इसके लिए माफी चाहता हूँ। मैं कह दूँ कि यह पुस्तक किसी को ठेस पहुँचाने के लिए नहीं लिखी गई है। यह सिर्फ जानकारी के लिए लिखी गई है। यह वह भाषा है, जिसका उपयोग हमारे पूर्वज किया करते थे। आज इसकी जरूरत बन गई है।

जब आप इस पुस्तक को पढ़ें तो इसे नॉवेल की तरह न पढ़ें। एक बार में एक अध्याय पढ़ें। उसके बारे में सोचें। फिर आगे बढ़ें। केवल हाथ मिलाने के अंदाज से किसी के व्यक्तित्व को जान लिया या चेहरा देखकर किसी के बारे में जान गए, ऐसा न करें। किसी के बारे में तुरंत कोई धारणा न बनाएँ। बेहतर यही होगा कि आप उसके चेहरे के हाव-भावों, चलने के तरीकों, बातचीत का अंदाज, उसके शरीर की प्रकृति तथा हाथ मिलाने के ढंगों का बारीकी से अध्ययन करें, लेकिन अपनी धारणा को जाहिर न होने दें। सिर्फ महसूस करें।

□

शारीरिक गठन के द्वारा जानें

जब कोई स्त्री किसी पुरुष की ओर मोहक व कातिलाना अंदाज में नजर डालती है तो वह बिना अपना मुँह खोले सामनेवाले को सारी बातें कह देती है।

दुनिया में सभी लोग एक-दूसरे से अलग होते हैं। लोगों के शारीरिक गठन के अनुसार उनके स्वभाव, चरित्र की पहचान की जाती है। प्रथम दृष्टि में हमारी नजर सबसे पहले सामनेवाले के शारीरिक गठन पर ही पड़ती है। वह व्यक्ति दुबला, पतला, मोटा, तगड़ा, लंबा, चौड़ा, छोटा किस तरह का है, इस पर ध्यान जाता है।

बॉडी लैंग्वेज के जानकारों के अनुसार, मनुष्य के शारीरिक गठन स्वयं उनकी पहचान कराते हैं। किसी को देखने मात्र से उसके शारीरिक गठन द्वारा उसके व्यक्तित्व के बारे में जान सकते हैं।

- ***दुबला-पतला शरीर***

दुबला-पतला शरीर, छोटा चेहरा, पतली नाक, नुकीली ठोड़ी और सौम्य सुघड़ मुखाकृति, कोमल व दुर्बल शरीरवाले अधिकतर बुद्धिमान, सरल स्वभाव, हँसमुख होते हैं। इनका मस्तिष्क तेजी से काम करता है। किसी भी प्रश्न का उत्तर जल्दी दे देते हैं। ये जरा आलसी किस्म के होते हैं।

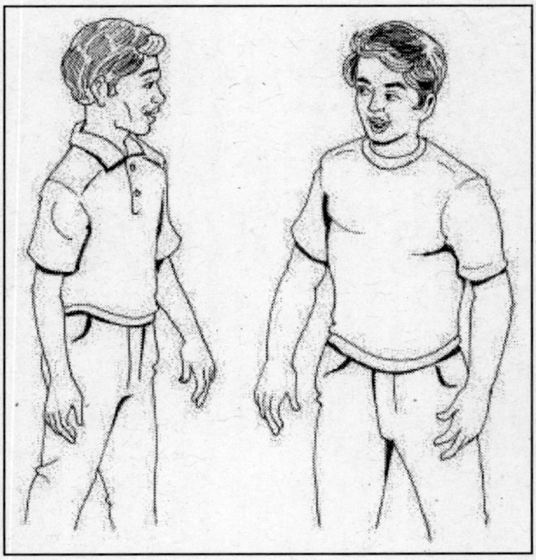

मिलनसार कम होते हैं। जिसकी वजह से इनके दोस्तों का दायरा कम होता है। परिचितों के साथ भी इनका व्यवहार बड़ा रूखा होता है।

ये लोग बौद्धिक श्रेणी में आते हैं। बातचीत में बड़े माहिर होते हैं। धारा प्रवाह किसी से बातचीत कर सकते हैं। इनकी तर्कशक्ति व निरीक्षण क्षमता अधिक होती है। अध्ययन में अधिक रुचि रखते हैं।

आमतौर पर ऐसे लोग संवेदनशील, दिव्यस्वप्न द्रष्टा व लचीले होते हैं। कुछ गंभीर, आदर्शवादी, सिद्धांतप्रिय और दूसरों से प्रेम करनेवाले होते हैं। कुछ अत्याचारी, ईर्ष्यालु, अवसरवादी, मानवद्रोही भी होते हैं।

• वर्गाकार शरीर

इस वर्ग के लोगों के शरीर का आकार वर्गाकार होता है। ललाट का ऊपरी भाग, जबड़ा, कंधे, सीना, हाथ-हथेलियाँ आदि सभी अंग वर्गाकार होते हैं। कपोलों की हड्डियाँ, आँखों के पास नाक उभरी हुई होती है। मांसपेशियों में बेहद कसाव व मजबूत, शरीर गठीला, कद अच्छा और हाथ-पैर सुंदर, सुदृढ़ और सख्त होते हैं।

स्वभाव से बुद्धिमान, भावुक व संवेदनशील होते हैं। इनमें से अनेक लोग दिमाग की बजाय हाथ-पैरों से काम लेना उचित समझते हैं। इनकी खेलकूद में विशेष रुचि होती है। ऑफिस में बैठकर काम करने की बजाय सैनिक, पुलिस या पहलवानी का काम करना अधिक पसंद करते हैं।

• मोटा शरीर

मोटे शरीरवाले गोलमटोल होते हैं। शरीर थुलथुल, ठिगना कद, फुले गाल, चौड़ी ठोड़ी, उभरा पेट, कंधे और सीना गोल होता है। इस वर्ग के लोग खुशमिजाज, व्यवहारकुशल, चतुर, बुद्धिमान होते हैं। हँसी-मजाक में रुचि लेते हैं। अच्छा खानपान और अच्छे माहौल में रहने के शौकीन

होते हैं। भरपूर खाने के शौकीन होने की वजह से इनका शरीर स्थूल हो जाता है।

इनका व्यवहार मैत्रीपूर्ण होता है। इनमें ठान लेने की आदत होती है। जो मन में ठान लेते हैं। उसे हासिल करके ही दम लेते हैं। इन्हें क्रोध कम आता है, पर जब इन्हें क्रोध आता है, कंट्रोल करना मुश्किल होता है।

मोटे व्यक्ति का कद यदि छोटा होता है तो अधिक महत्त्वाकांक्षी, साहसी व शक्तिशाली होते हैं। वाद-विवाद में निपुण होते हैं। किसी भी विषय में बहस करने में पीछे नहीं हटते। डर इनमें नहीं होता है। सामनेवाला कितना ही लंबा-चौड़ा या शक्तिशाली क्यों न हो ये उनसे निर्भय होकर संघर्ष करते हैं।

• दुबला-पतला और छोटा कद

इस वर्ग के लोग संकोची, विनय, विनम्र, कम बोलनेवाले होते हैं। इनका स्वभाव शांत, सरल और मृदुभाषी होता है। इन्हें दूसरों से मिलना-जुलना पसंद नहीं होता। संकोची स्वभाव होने की वजह से इनके मित्र कम होते हैं।

जिसे अपना मित्र बना लेते हैं जीवन भर उससे मित्रता निर्वाह करते हैं। जीवन में कोई असहनीय घटना घट जाने पर काफी उत्तेजित हो जाते हैं। यह कभी-कभी अपना मानसिक संतुलन खो बैठते हैं।

• छोटा कद व समुचित अनुपात

जिनका कद छोटा है पर शरीर का आकार अनुपात में अधिक सुदृढ़ तथा सुगठित होता है, ऐसे लोग अधिक महत्त्वाकांक्षी, साहसी, शक्तिशाली, संघर्षशील होते हैं।

निर्भर होकर रहना, किसी से भी भय न करना, भरपूर मेहनत करना इनका स्वभाव होता है। वाद-विवाद में भी हमेशा आगे रहते हैं। अपने आप से काम रखते हैं। कोई इन्हें परेशान करता है तो वे उसे छोड़ते भी नहीं हैं। मतलब ईंट का जवाब पत्थर से देनेवाले होते हैं।

जहाँ से सीधी अंगुली घी नहीं निकलती, वहाँ पर अंगुली टेढ़ी करने में भी पीछे नहीं रहते हैं। अपने सिद्धांत को माननेवाले होते हैं। जो इनके सिद्धांत को पसंद नहीं करता उन्हें वे बिलकुल पसंद नहीं करते हैं।

कद छोटे होने पर लोगों के उपहास का शिखर होने पर इसे चुपचाप सह लेते हैं। अपनी चतुराई और वाक्पटुता द्वारा उनका मुँहतोड़ जवाब भी देते हैं।

• पुष्ठ शरीर और छोटा कद

शरीर से हृष्ट-पुष्ट पर कद से ठीगना होना इस वर्ग की पहचान है। हँसमुख, विवेकशील, मिलनसार, न्यायप्रिय होते हैं। इनमें से कुछ लोग काफी तुनकमिजाज होते हैं। जो छोटी-छोटी बातों पर लोगों से उलझ पड़ते हैं। जब इन्हें पता चलता है तो पछतावा भी होता है।

कभी-कभी अनजाने में उद्दंडता भी कर बैठते हैं। जब इन्हें आभास होता है तो उसके लिए माफी भी माँग लेते हैं। काम में नियमबद्ध होते हैं। नियम का उल्लंघन करना पाप समझते हैं। दूसरों को नियम तोड़ते देख इनके शरीर में आग लग जाती है। अपना आक्रोश तुरंत नियम तोड़नेवाले पर जाहिर कर देते हैं। झूठा प्रचार करना, झूठी शान बघारना, झूठी बातें करना इन्हें बिलकुल भी पसंद नहीं है। इनका हृदय काफी साफ व निर्मल होता है।

• लंबा व भारी शरीर

लंबे और भारी-भरकम शरीरवाले लोग काफी गंभीर स्वभाव के होते हैं। अपने काम को बड़े धीमे-धीमे करते हैं। बोलते समय भी बातों को सोच-समझकर बड़े इतमीनान के साथ बोलते हैं। बात करने की आवाज का टोन धीमा होता है।

बहुत ही स्वाभिमानी, किसी बात को मनवाने के लिए किसी के आगे झुकना इन्हें पसंद नहीं। किसी बात के लिए किसी की सिफारिश करना भी इन्हें गवारा नहीं होता है। ये काफी भावुक होते हैं। छोटी-छोटी बातें इनके मन में ठेस पहुँचा देती हैं। उस बात को लेकर लंबे समय तक परेशान रहते हैं। वह बात मन से जल्दी निकलती भी नहीं है।

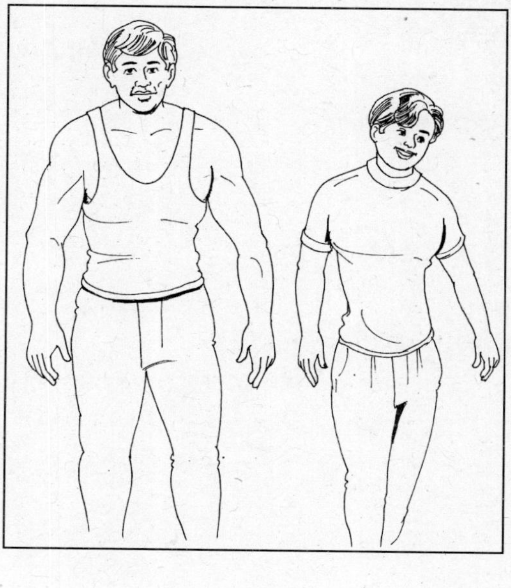

हलकी मनोदशा हमेशा एक जैसी भी नहीं होती। थोड़ी देर में हँसने लगते हैं। तुरंत ही इनका मिजाज बदलकर कड़क हो जाता है। चिड़चिड़े और

तुनकमिजाज भी होते हैं। इसी वजह से लोग इनसे दूर भागते हैं। जिसकी वजह से इनके दोस्तों की संख्या काफी कम होती है। जिसे मन से दोस्त बना लेते हैं, उनके लिए जान देने के लिए भी तैयार रहते हैं।

• विशालकाय शरीर

कुछ लोगों का शरीर विशाल और दैत्याकार होता है। विशाल शरीरवाले लोगों का स्वभाव काफी शांत, सरल, मिलनसार होता है। ये जो भी काम करते हैं, बड़े ही सोच-समझकर करते हैं। इन्हें क्रोध काफी कम आता है। जब क्रोध आता है, तब वे किसी को भी नहीं छोड़ते हैं।

किसी भी समस्या से डरते नहीं हैं। उससे जमकर मुकाबला करते हैं। हर कठिन परिस्थितियों का डटकर सामना करते हैं। इनकी इच्छा के विरुद्ध इन्हें जो दबाने की कोशिश करता है, उन्हें ये सबक सिखा देते हैं।

इस वर्ग के अनेक लोग काफी मेहनती होते हैं। काम करने का इनमें जुनून होता है, पर कुछ काफी आलसी स्वभाव के होते हैं। जो काम को दूर से ही सलाम करते हैं। इनका शरीर बैठे-बैठे स्थूलकाय हो जाता है। बाद में काफी पछताते हैं।

• लंबा धड़ और छोटी टाँगें

कुछ लोगों का शरीर कुछ अलग तरह का होता है। जिनकी धड़ लंबी और टाँगें छोटी होती हैं। वे हँसमुख और विनोदप्रिय होते हैं। जिसकी वजह से दोस्तों के बीच लोकप्रिय होते हैं। दोस्तों को अपनी बातों, हाव-भाव व आदतों से हँसा-हँसा कर लोटपोट कर देते हैं। अपने इस स्वभाव की वजह से इनके दोस्तों की

संख्या काफी अधिक होती है।

किसी भी पार्टी में सहज रूप से घुल-मिल जाते हैं। गैदरिंग या पार्टी में अलग नजर आते हैं। इन्हें झुंड घेर लेती है। किसी भी कठिन परिस्थितियों का मुकाबला करने के लिए हमेशा तैयार रहते हैं।

इनका दांपत्य जीवन प्राय: सफल होता है। अपने हँसमुख और मिलनसार स्वभाव की वजह से किसी-किसी को अपनी पत्नी के शक का शिकार होना पड़ता है। ऐसे में उनका पत्नी के साथ लंबे समय तक साथ नहीं चलता, तलाक हो जाता है।

• छोटा धड़ और लंबी टाँगें

कुछ लोगों की टाँगें लंबी होती हैं। उस अनुपात में उनका धड़ छोटा होता है। ऐसे लोग हँसमुख, मिलनसार, आमोद-प्रमोद करनेवाले होते हैं। जो भी काम करते हैं, मन लगाकर करते हैं। कामचोरी इन्हें पसंद नहीं आती है। जिन्हें काम चोरी करते हुए देखते हैं, उन्हें वे टोक देते हैं। चाहे वह उनकी उम्र से बड़ा ही क्यों न हो। अपने बॉस तक को नहीं छोड़ते हैं।

कोई नए काम को करना, नए शहरों, स्थानों, विदेश की यात्रा करना इन्हें काफी पसंद आता है। ऐसा करने में उन्हें काफी मजा आता है। जिस काम को हाथ में लेते हैं, उसे मन लगाकर पूरा करते हैं।

स्वभाव से अपनी मरजी के मालिक होते हैं। दूसरे के कहने से काम करना उन्हें पसंद नहीं है। किसी भी काम को करने में माहिर होते हैं। किसी को भी काम सिखाना इन्हें अच्छा लगता है। जिसके चलते इनके सहकर्मी इनसे नाराज रहते हैं।

• बलिष्ठ शरीर

ऊँची कद-काठी, शरीर बलिष्ठ, मस्तक ऊँचा, वक्षस्थल उठे हुए, पैरों की

पिंडलियाँ कसी हुईं, पीठ लंबी और सीधे शरीरवालों का स्वभाव हँसमुख, स्वार्थहीन, परोपकारी व दृढ़ इच्छाशक्ति रखनेवाले होते हैं।

किसी भी तरह के सार्वजनिक कामों में हाथ बँटाना इन्हें काफी पसंद होता है। ऐसे लोग हमेशा इसकी तलाश में रहते हैं। किसी काम को आधा-अधूरा छोड़ना इन्हें पसंद नहीं होता है। जिस काम को हाथ में लेते हैं, उसे पूरा करके ही छोड़ते हैं। जिसकी वजह से वे हर क्षेत्र में सफल होते हैं।

इनमें काम करने की अद्वितीय क्षमता, स्फूर्ति, उत्साह तथा साहस होता है। थक जाने के बाद भी काम पूरा किए बिना रुकते नहीं हैं। बार-बार असफलता हाथ लगने पर जल्दी ही चिड़चिड़े हो जाते हैं।

• *दबा सिर और झुके कंधे*

सिर दबा और कंधे झुके होने पर इनका स्वभाव ईर्ष्यालु, निरुत्साही, निराश, उद्दंड होते हैं। इन लोगों का स्वभाव संदिग्ध होता है।

इनमें सद्गुण की अपेक्षा दुर्गुण अधिक होते हैं। इन गुणों की खातिर समाज से अलग-थलग रहते हैं। इनके स्वभाव की वजह से इनके अपने लोग इनसे दूर भागते हैं।

अपने काम को मन लगाकर नहीं करते। किसी काम को शुरू करने के पहले सोचते कम हैं। निराश होकर काम को ही बीच में रोक देते हैं। बार-बार निराशा और उपेक्षा की वजह से किसी काम को बीच में ही छोड़ देते हैं। इनका स्वभाव कभी चिड़चिड़ा, तो कभी शांत होता है।

□

चेहरे द्वारा पहचानें

जब लोग खुश होते हैं तो मुसकराते हैं। उनके चेहरे पर चमक होती है। इसका एक साइंटिफिक कारण है, खुशी होने पर शरीर का ब्लड सर्कुलेशन बढ़ जाता है। चेहरे की त्वचा पर तेजी से ब्लड दौड़ने लगता है। जिससे त्वचा चमकने लगती है।

चेहरा मानव शरीर का सबसे महत्त्वपूर्ण अंग है। किसी व्यक्ति के चरित्र का चित्रण इसी भाग में स्थित होता है। चेहरे से आप पहली नजर में यह अंदाजा लगा सकते हैं कि वह बंगाली, पंजाबी, मद्रासी, किस प्रांत व राज्य का रहनेवाला है। उसकी बोली, भाषा, धर्म क्या है। आप बच्चे का चेहरा देखकर उसके माता-पिता को भी पहचान सकते हैं या माता-पिता को देखकर उनके बच्चों को पहचान सकते हैं। यह आनुवंशिक नियम है कि बच्चे में माता-पिता के गुण, बुद्धि व कद-काठी पाए जाते हैं। कभी-कभी गर्भकाल में कुछ अनियमितताओं के कारण इसमें फेरबदल हो सकता है।

चेहरे के आकार द्वारा बॉडी लैंग्वेज जानने के लिए इसे अलग-अलग भागों में बाँटा गया है। आकार की भिन्नताओं के अनुसार चेहरे को किस प्रकार से पहचानें इस बारे में इस अध्याय में जानकारी दी जा रही है।

• *आकर्षक चेहरे*

कुछ चेहरे इतने आकर्षक होते हैं कि जिन्हें देखकर हर किसी के मन में यह बात आती है कि काश हम भी इतने आकर्षक होते। जी हाँ, यही इनका खास गुण होता है। ध्यान देनेवाली बात यह है कि आकर्षक चेहरे के साथ-साथ इनमें गुण भी आकर्षक हो यह जरूरी नहीं है। ऐसे लोगों में काफी घमंड भी देखा गया है। इनमें नकचढ़ी, तुनकमिजाज, अभद्र व्यवहार जैसे अवगुण अधिक पाए जाते हैं। खुद को अव्वल मानना, दूसरों की बातों पर ध्यान न देना, बहस में सिर्फ अपना पक्ष ही सही मानना जैसी बातें भी देखी गई हैं।

ऐसे चेहरेवाले घूमने के शौकीन होते हैं। मिलने-जुलने के भी शौकीन होते हैं। यह अपनी बात न माननेवालों को जरा भी लिफ्ट नहीं देते हैं। उलटा मन-ही-मन बैर रखते हैं। हिम्मती व परिश्रमी भी होते हैं। पर लंबे समय तक काम नहीं कर पाते हैं, क्योंकि इनका मन एकाग्र नहीं होता है। ऐसे लोगों से मिलते वक्त बड़े ही सोच-समझकर व्यवहार करना चाहिए, क्योंकि किसी भी बात पर जल्दी नाराज भी हो जाते हैं।

• *खुशमिजाज चेहरे*

कुछ चेहरे ऐसे होते हैं जिनके चेहरे पर हमेशा खुशी झलकती रहती है। सामान्यत: इनका शरीर मोटा, चेहरा भरा, गरदन छोटी और ठोड़ी के नीचे मांस लटकता हुआ होता है। इनकी मित्रता की संख्या अधिक होती है, क्योंकि खुशमिजाजी

होने की वजह से इनकी दोस्ती हर किसी से जल्दी हो जाती है। खासकर महिलाएँ जल्दी ही इनके करीब आ जाती हैं।

ये जो भी करते हैं, लाजबाव करते हैं। इनका ड्रेससेंस, खानपान, चलने-फिरने का अंदाज सबसे अलग होता है, जो इनके खुशमिजाज जीवन को दरशाता है। काम के प्रति लापरवाही, स्वयं की प्रशंसा सुनना, आरामपसंद जैसी इनमें अवगुण भी होते हैं।

• *सामान्य चेहरे*

सामान्य चेहरेवालों की कोई खास किस्म की विशेषता नहीं होती। इनके चेहरे के अंग न भद्दे ही लगते हैं, न ही बेहद आकर्षक होते हैं। इनका अपना जीवन भी सामान्य होता है। अधिकतर लोग अपनी जिंदगी को बिना किसी मकसद के गुजार देते हैं। कह सकते हैं सिर्फ वक्त काटते हैं।

एक दिन गुजर गया उनके लिए बहुत सारी बातें गुजर गईं। आनेवाले दिन को लेकर उन्हें न कोई आशा होती है, न ही चाहत। सूर्य के उदय होने से लेकर डूबने और उसके फिर उदय होने जैसी इनकी जिंदगी होती है। शारीरिक तौर पर सक्षम होने के बावजूद अधिक काम नहीं करते, मेलमिलाप, बातचीत, अधिक पाने की कोशिश किसी बात पर इनका मोह नहीं होता है।

• *असामान्य चेहरे*

जिनके चेहरे के अंग असामान्य नजर आएँ उन्हें असामान्य चेहरेवाले लोग कहा जाता है। जिनकी नाक लंबी, नाक छोटी, कान लंबे, कान छोटे, आँखें छोटी या बड़ी आँखें, छोटे होंठ, होंठ लटके हुए, दाँत बड़े, टेढ़े-मेढ़े, बाहर निकले हुए जैसे विशेषताओंवाले लोगों को असामान्य चेहरेवाले लोगों में गिनती होती है।

अपनी इन असामान्यताओं की वजह से ऐसे लोग अधिक तनाव में रहते हैं। जिसकी वजह से चिड़चिड़े, क्रोधी, लापरवाह स्वभाव के भी होते हैं। हताशा और निराशा भी इनमें पाई जाती है।

ऐसे लोगों के प्रति बरबस ही हर किसी का ध्यान चला जाता है। लोगों को इस तरह से देखना इन्हें पसंद नहीं आता, जिसके चलते हीनभावना का भी शिकार हो जाते हैं। बॉडी लैंग्वेज का अध्ययन करनेवाले लोगों का कहना है इनमें अद्भुत क्षमता होती है, पर अपनी क्षमताओं पर ध्यान नहीं देते हैं। जिसकी वजह से अपने कार्यों में असफल होते हैं।

• असाधारण चेहरे

जितने भी महान् व्यक्ति हुए हैं, उन्हें असाधारण चेहरेवाले व्यक्ति माना जाता है। इनके चेहरे बहुत ही असाधारण प्रकृति के होते हैं। जिनकी तुलना करना या विश्लेषण करना बहुत ही मुश्किल काम है।

बॉडी लैंग्वेज का अध्ययन करनेवाले टॉम शैल का कहना है कि सुभाषचंद्र बोस, महात्मा गांधी, इंदिरा गांधी जैसे महान् लोगों की मुखाकृति असाधारण श्रेणी में आती है। ऐसे चेहरेवालों में अनेक विशिष्ट गुण होते हैं। इनमें साधारण बात होती ही नहीं है। इसलिए इनके चेहरे की अपने आप पहचान हो जाती है। इनमें कोई अवगुण नहीं होते, यदि होते भी हैं तो इनके गुण के सामने छिप जाते हैं।

• प्रतिभावान चेहरे

प्रतिभावान चेहरेवालों का चेहरा और व्यक्तित्व काफी आकर्षक होता है। इनकी बोली, भाषा, चलने-फिरने, उठने-बैठने का अंदाज काफी आकर्षक और प्रभावशाली होता है। अमिताभ बच्चन को देखकर इस बात का अंदाजा लगा सकते हैं कि वे कितने प्रतिभावान हैं। ऐसे लोग मिलनसार, सरल, खुशमिजाज, बुद्धिमान, सहनशील होते हैं।

इनमें भावनात्मकता और कल्पनाशीलता भी कूट-कूट कर भरी होती है। किसी की मदद करना, प्रेरणा देना, हर तरह का सहयोग करना इनमें खास गुण होता है। किसी को भी आगे बढ़ता देखकर इन्हें खुशी होती है।

• कर्म प्रधान चेहरे

चौकोर और वर्गाकार बनावटवाले चेहरे कर्मप्रधान चेहरे की श्रेणी में आते हैं। इनके गाल पिचके, नाक आमतौर पर छोटी, आँखें छोटी और चेहरे पर कठोरता का भाव होता है।

काफी मेहनती होते हैं। इन्हें मेहनत करना अच्छा लगता है। इसके लिए हमेशा काम में जुटे रहते हैं। परंतु आचार-विचार में असंयमी होते हैं। दूसरों की मदद करना इन्हें अच्छा लगता है। जो कोई इनके साथ गलत व्यवहार करता है, उसे ये किसी भी हालत में छोड़ते नहीं हैं।

अपनी मेहनत के द्वारा ऊँचा मुकाम हासिल करते हैं। शिखर पर पहुँच जाने के बाद भी आराम-हराम समझते हैं। उतनी ही मेहनत उस वक्त भी करते हैं, जितनी शुरुआती दिनों में करते थे।

• भावनात्मक चेहरे

ऐसे चेहरेवाले सुंदर व कोमल शरीरवाले होते हैं। इनके हाथ-पैर भी काफी कोमल होते है। इनमें स्त्रियोचित गुण भरे होते हैं। इन्हें स्त्रियों का साथ अधिक भाता है। बुद्धि के विलक्षण, भावनात्मक विचारों से ओत-प्रोत होने से ये लोग सामनेवाले को सम्मोहित कर लेते हैं।

सामान्य कद-काठी के होते हैं। कठोर परिश्रमी होने के साथ-साथ अपने कामों को बहुत ही सावधानी व सुंदरता के साथ पूरा करते हैं। संवेदनशील होते हैं। किसी के दु:ख-दर्द को देखकर इनकी आँखों में पानी आ जाता है। हर किसी की मदद करने के लिए हमेशा तैयार रहते हैं। ये प्राय: पत्नीभक्त होते हैं। कुछ लोगों में स्त्रियोचित गुण अधिक होने पर शादी से दूर भी भागते हैं।

• नीतिवान चेहरे

ऐसे व्यक्तित्ववालों का चेहरा लंबा, आँखें छोटी, लंबी नाक, चौड़ा मस्तक, बाल घुँघराले होते हैं। बुद्धिमान, शालीन, व्यवहारकुशल, नए आइडियाज को लेकर चलनेवाले होते हैं।

इनका व्यवहार काफी कोमल होता है। शांत होकर बात करना, किसी भी काम में तनाव न पालना, जिंदगी में बहुत कुछ पाने की तमन्ना रखना इनके खास गुण होते हैं।

अपने नरम स्वभाव की वजह से अनेक लोगों से धोखा भी खा जाते हैं।

जिसके चलते इन्हें अच्छे काम में अनेक बार असफलता भी मिलती है। ऐसा होने के बावजूद कभी निराश नहीं होते हैं।

इनकी मुसकान सबके लिए प्रसन्नकारी होती है। हँसते वक्त इनके दाँत दिखाई नहीं देते हैं। मुसकान के चलते लड़कियाँ इनकी ओर जल्दी आकर्षित हो जाती हैं। अपने स्वभाव व कार्यों के चलते दूसरों के लिए प्रेरणा स्रोत भी बनते हैं।

• *त्रिकोणाकार चेहरे*

इस प्रकार के व्यक्तियों का चेहरा ऊपर से चौड़ा होता है और ठोड़ी तक आते-आते छोटा होता चला जाता है। जिसकी वजह से उनका चेहरा त्रिकोणाकार लगने लगता है। यदि इनका चेहरा कांतिवान व लालिमायुक्त व उन्नत ललाटवाला है तो प्रशंसात्मक कार्य करते हैं। ये बुद्धिमानी होते हैं और इनमें नेतृत्व-क्षमता होती है।

ये संकल्पशील और भरोसेमंद होते हैं। ऐसे लोगों को शारीरिक मेहनत में ज्यादा मजा आता है। ये काफी एनर्जेटिक होते हैं। जिस काम को हाथ में लेते हैं उसे पूरा करके ही दम लेते हैं। इनका आत्मसंयम इन्हें कठिन स्थितियों में भी सामान्य बनाए रखता है।

इसके विपरीत इस तरह के आकारवाले लोग स्वार्थी, झगड़ालू, दूसरों को परेशानी में डालनेवाले होते हैं। इनकी अपने परिजनों से कम बनती है। दूसरों से बनने की बात दूर की है। इन्हें अपने काम पर भरोसा होता है, पर काम शुरू करने पर परेशानी आने पर दूसरों पर दोष डालकर खुद अपने हाथ-पैर समेट लेते हैं। अपनी गलतियों को कभी मानने को तैयार नहीं होते हैं। दूसरों के द्वारा गलतियाँ करने पर उन्हें बिना सजा दिए छोड़ते नहीं हैं।

• उलटे त्रिकोणाकार चेहरे

मजबूत और फैले हुए जबड़े, चौड़ी चीक बोन, छोटा सा माथा और छोटी तथा सटी हुई आँखेंवालों को उलटे त्रिकोणाकार चेहरेवालों के रूप में पहचाना जाता है।

ऐसे लोग सदैव प्रसन्नचित्त रहने की कोशिश करते हैं। इनकी सबसे बड़ी विशेषता होती है—इनमें संकल्पशीलता और भरपूर एनर्जी का होना। ये दूसरों से बेहद स्ट्रांग और ताकतवर होते हैं। इन्हें शारीरिक मेहनत में काफी मजा आता है। इनकी आत्मसंयमता इन्हें कठिन परिस्थितियों में भी सामान्य बनाए रखती है।

इन्हें देशभक्ति और अनुशासन पसंद है। जिसके चलते पुलिस और मिलिटरी में ऐसे चेहरेवाले अधिक मिल जाएँगे। इनके विचार आसानी से किसी से मिलते नहीं हैं, इसलिए लोग इनसे कटे-कटे रहते हैं।

इनमें से अनेक शंकालु प्रवृत्ति के भी देखे गए हैं। हर किसी को शक की निगाह से देखने की वजह से परिवार, रिश्तेदार, आस-पड़ोस के लोग यहाँ तक कि इनकी पत्नी भी इनसे नाखुश रहती है। अपनी शंकालु प्रवृत्ति के कारण इन्हें अपनी योग्यताओं का भरपूर लाभ भी नहीं मिल पाता है।

• अंडाकार चेहरे

अंडे के समान मुखाकृतिवालों को अंडाकार चेहरेवाला कहा जाता है। जिस

तरह से अंडा ऊपर से पतला, बीच में मोटा और नीचे की ओर पतला होता है, ठीक उसी तरह से अंडाकार चेहरा होता है। इन्हें 'ओवल फेस' कहा जाता है। ऐसा चेहरा अधिकतर स्त्रियों में पाया जाता है। पुरुषों में ऐसा चेहरा बहुत कम पाया जाता है।

ऐसे चेहरेवाले संयमशील, विनयशील, परोपकारी प्रवृत्तिवाले होते हैं। माना जाता है कि अंडाकार चेहरेवाले भाग्यशाली होते हैं। इन्हें सफलता भाग्य से मिलती है। जिस कार्य में हाथ डालते हैं, वह कार्य पूरी गति से चलने लगता है।

ऐसे चेहरेवाले हर तरह की परिस्थितियों में ढल जाते हैं। भावुक और दयालु किस्म के होते हैं और अपनी आलोचना को ये दिल पर ले लेते हैं। ये दूसरों पर इल्जाम लगाने के बजाय इल्जाम को अपने सिर पर लेना पसंद करते हैं। ये अकसर कलाकार स्वभाव के होते हैं।

इनमें आगे बढ़ने की प्रबल इच्छाएँ होती हैं। ये एक सफलता मिलने पर अगली सफलता की तैयारी कर लेते हैं। किसी भी बड़े-से-बड़े लक्ष्य पाने में जीवन भर जुटे रहते हैं। इनका दांपत्य जीवन भी खुशहाल होता है।

• गोलाकार चेहरे

किसी गुब्बारे के समान गोलाई लिये हुए अधिक मांस व चरबीयुक्त थुल-थुल चेहरे को गोलाकार चेहरा कहा जाता है। इनका पूरा चेहरा गोलाकर रूप में होता है। माथे व कान ठोड़ी से होते हुए जो बाहरी सर्कल बनता है वह एक राउंड में यानी गोलाकार में होता है। दूर से देखने पर यह चाँद की तरह गोल लगता है, चेहरे की लंबाई-चौड़ाई समान होती है।

इनका व्यवहार खुशमिजाज होता है। ये वाक्पटुता में माहिर होते हैं। अपनी बात द्वारा हर किसी को प्रभावित कर लेते हैं। इनकी ऊँची-ऊँची कल्पनाएँ होती हैं, जिसे पूरा करने के लिए कल्पना के घोड़े दौड़ाते रहते हैं। क्योंकि इन्हें परिश्रम करना पसंद नहीं, आरामपसंद होते हैं। साथ ही आशावादी भी होते हैं। दोस्तों में काफी घुल-मिलकर रहते हैं। पर परिवार में काफी रिजर्व होते हैं। अपने काम को दूसरे से पूरा करवाने का गुण इनमें होता है।

मीठी बातों से किसी को भी प्रभावित कर लेते हैं। दूसरों को मुफ्त में सलाह देने से बाज नहीं आते, जो इनके साथ बुरा करता है, उसे वे भूल जाते हैं, क्योंकि लड़ाई-झगड़ा करना इन्हें बिलकुल पसंद नहीं है। इनका व्यवहार सधा हुआ होता है। अपनी समस्याओं को अपनी सूझ-बूझ से ठीक कर लेते हैं। हर तरह की

परिस्थिति में ढलना इनके बस की बात नहीं होती। ऐसी स्थिति में जल्दी घबरा जाते हैं।

• *वर्गाकार चेहरे*

चेहरे की यह आकृति वर्ग के आकार की होती है। माथे और जबड़ों का आकार ऊपर से नीचे तक समान होता है। देखने पर किसी वर्ग के आकार का लगता है। ऐसे चेहरेवाले लोग व्यावहारिक, तार्किक और हर काम को अच्छी तरह अंजाम देनेवाले होते हैं।

देखा गया है कि ऐसे लोग सच्चे, भरोसेमंद और योजनाबद्ध तरीके से काम करनेवाले होते हैं। स्वभाव से भावुक, संवेदनशील और बहुमुखी होते हैं। इनकी बुद्धि तीव्र नहीं होती है। ये दिमाग की बजाय हाथ-पैरों से काम लेना पसंद करते हैं। जीवन के प्रति इनका खास नजरिया और व्यवहार कभी न बदलनेवाला होता है। हर काम विश्वास के साथ करते हैं। किसी परंपरा के साथ बहते नहीं हैं। हमेशा अपना रास्ता बनाते हैं। दूसरों के साथ इनका व्यवहार काफी अच्छा होता है। उन्हें हमेशा बड़ों के जैसा सम्मान देते हैं। छोटों के प्रति भी इनकी अच्छी भावना होती है। मित्रों को हमेशा सहयोग देते रहते हैं।

• *लंबोत्तर चेहरे*

इस तरह के चेहरे की पहचान है इनके चेहरे की चौड़ाई कम, लंबाई (ऊपर

से नीचे की ओर) अधिक होती है। ऐसे लोग बुद्धिमान व गुणों से भरपूर होते हैं। बड़ों का आदर करना, छोटों को प्यार देना इनका खास स्वभाव होता है।

जो कार्य हाथ में लेते हैं उसे पूरा करके ही दम लेते हैं। इनकी तर्कशक्ति प्रबल होती है। हमेशा कुछ नया सीखने व करने की कोशिश में रहते हैं, जिसके चलते अपने दम पर सफलता की मंजिल पर पहुँच जाते हैं।

लंबे चेहरे के साथ-साथ इनका रंग गोरा, आकर्षक व सुंदर होने पर इनके गुण पॉजिटिव होते हैं। इसके विपरीत यदि लंबे चेहरे के साथ इनका रंग काला, अनाकर्षक हो तो ये व्यसनी (नशा करनेवाले), एक से अधिक स्त्री से संबंध रखनेवाले, झूठ का सहारा लेनेवाले, परिश्रम से दूर भागनेवाले होते हैं।

• *चौड़े चेहरे*

जिनका चेहरा चौड़ा होता है उनका मस्तक भी चौड़ा होता है। वे दूरदर्शी, खुशमिजाज, सहनशील, विचारशील और संयमी होते हैं। इतने अच्छे गुण होने के बाद भी ये जल्दी उत्तेजित हो जाते हैं। इनमें क्रोध और जल्दबाजी जैसे अवगुण होते हैं।

घड़ी में माशा, घड़ी में तोला जैसा स्वभाव होता है। क्रोध इनमें लंबे समय तक नहीं रहता है। जल्दी ही शांत हो जाते हैं। पर तब तक काफी कुछ नुकसान हो चुका होता है।

अकसर श्रेय चुराने की कोशिश में रहते हैं। बीती बातों पर अधिक ध्यान देते हैं। भविष्य की इन्हें चिंता नहीं होती है। नए विचार और आइडिया पर काम करना इन्हें अच्छा लगता है।

बहुत जल्दबाजी में काम करने की वजह से अकसर फेल हो जाते हैं। तब इन्हें पछतावा होता है। इसके बावजूद अगला नया काम शुरू करते वक्त उन बातों पर ध्यान नहीं देते हैं। बस पुरानी बातों को लेकर हमेशा अपने आपको कोसते रहते हैं।

• *पतले चेहरे*

ऐसे चेहरे छोटे, कमजोर ढाँचावाले होते हैं। ऐसे लोग बीमार, दुःखी, हमेशा उदास रहनेवाला होते हैं। इनका स्वभाव चिड़चिड़ा, आलसी, अपना दुःख गानेवाला होता है। जिनके पास भी खड़े हो जाते हैं, अपनी परेशानियों को गिनाने लगते हैं। जिसके चलते लोग इनसे दूर भागते हैं।

इसके विपरीत यदि ऐसे चेहरे पर स्निग्धता, लालिमा हो तो ये काफी विद्वान, ज्ञानी बेहतर काम करनेवाले होते हैं। ऐसे चेहरेवाले संयमी, व्यवहारकुशल और परिश्रमी होते हैं। प्रत्येक काम को लगन से करते हैं।

इनमें सबसे लड़ाई-झगड़ा करने का अवगुण होता है। किसी से भी वजह-बेवजह झगड़ पड़ते हैं। अंजाम क्या होगा यह जाने बिना, झगड़ा करना इनके लिए अनेक बार नुकसानदायक साबित होता है। जिनमें यह अवगुण नहीं होता है वे काफी ऊँचे स्तर पर उड़ान भरते हैं, जिसकी कल्पना करना मुश्किल होता है।

• *छोटे चेहरे*

इनके मस्तक, नाक, आँख, मुँह, कान, चेहरे के सभी अंग छोटे होते हैं। इन्हें समझना मुश्किल होता है। विशेषज्ञों के अनुसार ऐसे चेहरेवाले अकसर मानसिक विकृतिवाले होते हैं। इनका दिमागी संतुलन ठीक नहीं होता है। हमेशा ऐसी बातें करते हैं जिनका सच्चाई या वास्तविकता से दूर-दूर तक नाता नहीं होता है।

झूठ बोलना, काम से जी चुराना, काम भूल जाना, आलसी जैसी आदतें शुमार होती हैं। अव्यवहारकुशल, बेमतलब की बहस करनेवाले, गाली-गलौच करना इनका स्वभाव होता है। किसी की बातों को ठीक से न सुनना, अपनी ही बातों को कहते रहना, कोई भी झूठ-मूठ की अफवाह उड़ा देना, बेवजह किसी से लड़ जाना जैसी बातें इनमें दिखाई देती हैं।

शारीरिक रूप से कमजोर दिखाई देने की वजह से दूसरों के सहानुभूति पाते हैं, पर इसका गलत इस्तेमाल करने में भी पीछे नहीं रहते हैं। मौका मिलने पर अपने परिवारवालों को भी ठेंगा दिखाने से नहीं चूकते हैं।

• *मिश्रित आकार के चेहरे*

ऐसे चेहरेवालों का कोई निश्चित मापदंड नहीं होता है। चेहरे और अंगों के अलग-अलग आकार होने की वजह से इन्हें अलग ही श्रेणी में रखा गया है।

इनमें सामान्य से अधिक गुण-अवगुण होते हैं। यदि गुणी हैं तो काफी अच्छे, समझदार, बुद्धिमान होते हैं। जिनकी अच्छे-अच्छों से तुलना भी की जाती है। यदि अवगुण प्रधान हैं तो इनका कोई अवगुणों में मुकाबला भी नहीं कर सकता।

• *गालों की प्रकृति*

किसी शब्द के कई अर्थ होते हैं। यह बात बॉडी लैंग्वेज पर भी लागू होती

है। जो समय, परिस्थिति, व्यक्ति, देश के अनुसार लागू होती है। विदेशों में अँगूठा दिखाने की मुद्रा आमतौर पर लिफ्ट लेने के लिए इस्तेमाल की जाती है, जबकि भारत में अँगूठा दिखाने का मतलब ठेंगा दिखाना यानी मूर्ख बनाना या कुछ नहीं देना से लगाया जाता है।

जब भी हम किसी व्यक्ति के चेहरे को देखते हैं तो उसके चेहरे पर गालों का भाग सबसे पहले नजर आता है। गालों का भाग चेहरे, ठोड़ी सहित कनपटियों के निचले भाग तथा मुँह और नाक के आस-पास चारों ओर फैला हुआ होता है। बॉडी लैंग्वेज विशेषज्ञों के अनुसार, गालों को देखकर व्यक्ति के स्वभाव, चरित्र और कार्यक्षमता का अनुमान लगा सकते हैं।

• गालों का रंग

आमतौर पर गालों का रंग प्रायः श्वेत, गुलाबी और साँवला होता है। यदि व्यक्ति के गालों का रंग गुलाबीपन लिये हुए नजर आता है तो ऐसे व्यक्तियों में सहनशीलता, आत्मसम्मान, दृढ़ता, विश्वास की भावनाएँ अत्यधिक होती हैं।

जिन व्यक्तियों के गालों का रंग अत्यधिक लाल हो तो यह समझ लेना चाहिए कि उसके अंदर बहुत शक्ति है। ऐसे लोग बहादुर होते हैं। वीरता इनके अंग-अंग में कूट-कूटकर भरी होती है। युद्ध के लिए ये लोग हर समय तैयार रहते हैं।

जिन व्यक्तियों के गालों पर पीले रंग की झलक नजर आती है, ऐसे व्यक्ति निराशावादी, उत्साहहीन, बुजदिल, कामचोर, जीवन में पिछड़े हुए होते हैं। ऐसे लोगों में सामान्य जीवनशक्ति नहीं होती है, जो पुरुषार्थ के लिए जरूरी होती है। इसका परिणाम यह निकलता है कि इन लोगों के चेहरों पर उदासी छाई रहती है। ऐसे लोगों से किसी भी विशेष कार्य की आशा नहीं की जा सकती है। किसी प्रकार का कारोबार करना इनके बस की बात नहीं होती है, क्योंकि इनमें साहस की कमी होती है। इनका जीवन नौकरी के सहारे ही कट सकता है। ऐसे लोग अकसर

बीमारियों का शिकार होते रहते हैं।

जिनके गालों का रंग काला हो, ऐसे लोग पापी, स्वार्थी तथा इनके मन में कुछ और जुबान पर कुछ और होता है। ऐसे व्यक्ति धोखेबाज, काला धंधा कमानेवाले, गैरकानूनी काम करनेवाले तस्कर होते हैं। ईमानदारी का जीवन रास नहीं आता है। ऐसे लोग अकसर चोर-डाकू भी हो सकते हैं।

• गालों की चिकनाहट

कई लोगों के गालों पर आपको तेल जैसी चिकनाहट देखने को मिलेगी। ऐसे लोगों के शरीर के अंदर एक चर्बी जैसी किसी विशेष चीज के अंश होते हैं, जो इस बात का प्रमाण है कि प्राणी के अंदर उष्मा का संतुलन है। ऐसे व्यक्तियों में बीमारियों से लड़ने की शक्ति और कार्यक्षमता आम व्यक्तियों की तुलना में अधिक होती है।

ऐसे व्यक्ति अधिक भावुक होने के कारण जरा सी बात पर भी बिगड़ जाते हैं, लेकिन उतनी जल्दी ही प्यार से मनाने के लिए स्नेह की भावना रहती है। कारोबार में भी इन्हें सफलता प्राप्त होती है, इसलिए ये धनवान होते हैं।

यदि गालों में चिकनाहट सामान्य से अधिक हो तो ऐसे लोग भोग-विलासी, अधिक साहसी, उत्साही, हर कार्य को तेजी से करने के लिए तैयार रहनेवाले होते हैं। इनके जीवन में ढीलापन का नामोनिशान नहीं होता है।

जिनके गालों पर चिकनाहट बहुत कम या बिलकुल ही नहीं होती है ऐसे लोग अति भावुक, स्वभाव से रूखे होते हैं। इनकी बातों में रूखापन और अक्खड़ता अधिक होती है। झूठी शान बघारने में ऐसे व्यक्ति सबसे आगे रहते हैं।

• अति शुष्क गाल

ठीक से खुराक न मिलना, मानसिक चिंता एवं द्वेष प्रवृत्तिवाले लोगों की एक मात्र पहचान यही होती है कि उनके गाल खुश्क होते हैं। उन पर रूखेपन की झलक साफ दिखाई देती है। इनके स्वभाव में चिड़चिड़ापन और क्रोध अधिक होने के कारण हर समय लड़ाई के लिए तैयार रहने की आदत सी बनी रहती है। ऐसे

लोगों के लिए जीवन में आगे बढ़ना बहुत कठिन होता है। इनके शत्रु अधिक और मित्र कम होते हैं।

• मिश्रित गाल

हलका गुलाबी और ताँबे जैसे रंगवाले गालों को मिश्रित गाल कहा जाता है। ऐसे गालों पर हँसते समय छोटा सा गोल गड्ढा पड़ता है। कुछ व्यक्तियों की ठोड़ी के बीच में भी ऐसा ही एक छोटा सा गड्ढा नजर आता है। ऐसे व्यक्ति सुंदरता के प्रतीक, साहसी, मधुरभाषी, प्रेमी, भावुक और सर्वप्रिय होते हैं। विपरीत यौन आकर्षण, ऐश्वर्य एवं समृद्धि के भी परिचायक होते हैं।

• गोल और उभरे गाल

गोल और उभरे गालवाले सुंदर व आकर्षक होते हैं। ऐसे गालवाले किसी भी कार्य को करने के पहले अच्छे से सोच-विचार लेते हैं। तब जाकर उसे करते हैं। सुडौल और आकर्षक गालवाले अति महत्त्वाकांक्षी होते हैं। ये हमेशा अपने स्वार्थ की पूर्ति में लगे होते हैं। अधिक उभरे हुए गालवाले बौद्धिक स्तर पर मंद बुद्धि होते हैं। दूसरों के इशारों पर काम करना, उनके कहने पर चलना जैसी आदत होती है।

• ऊपरी उभारवाले गाल

जिनके गाल ऊपर की ओर ढले हुए होते हैं, उनमें नेतृत्व क्षमता अधिक होती है। दूसरों पर प्रभाव डालकर अपना कार्य पूरा करने में माहिर होते हैं। जितने हँसमुख होते हैं, उतने ही जिद्दी और क्रोधी भी होते हैं। कभी किसी से समझौता नहीं करते हैं। साथ ही अपने द्वारा बनाए नियमों का कड़ाई से पालन करते हैं। दूसरों को भी अपने नियमों का पालन करने के लिए मजबूर करते हैं।

• चपटे गाल

जिनके गाल में गोलाई का अभाव होता है, यानी गाल चपटे होते हैं। ऐसे

लोग परिश्रमी होते हैं। चुनौतीपूर्ण कार्य करने में इन्हें बड़ा आनंद आता है। स्वभाव से काफी रूखे और कठोर होते हैं। व्यवहारकुशलता इनमें नाम मात्र की नहीं होती है। इनके काम करने का अपना तरीका होता है। जिसकी वजह से इन्हें किसी का राय-मशवरा पसंद नहीं आता है। किसी परेशानी में पड़ने पर किसी की मदद लेना नहीं पसंद करते हैं। अपनी समस्या से खुद निपटना पसंद करते हैं।

• *फूले हुए गाल*

जिनके गाल गुलाबीपन लिये फूले हुए होते हैं, वे सुंदर व आकर्षक व्यक्तित्ववाले होते हैं। इनके व्यक्तित्व में इतना आकर्षण होता है कि हर कोई इनकी ओर खिंचा चला आता है। खासकर लड़कियाँ ऐसे लोगों की ओर जल्दी आकृष्ट हो जाती हैं। मेहनती, वाक्पटुता में दक्ष और विचारशील होते हैं। ये अधिकतर उच्च पद पर आसीन होते हैं। अन्यथा व्यापार, कला, राजनीति या अन्य किसी भी क्षेत्र में आगे होते हैं।

• *बैठे हुए गाल*

जिनके गाल न उभरे हुए होते हैं न गोल होते हैं उन्हें बैठे हुए गालवाला कहा जाता है। ऐसे व्यक्ति मेहनत तो बहुत करते हैं पर सफलता इन्हें नहीं मिलती है। इनका पारिवारिक जीवन भी काफी उतार-चढ़ाव वाला होता है। अपनी समस्याओं से निपटते हुए इनका जीवन किसी तरह से गुजर जाता है।

• *धँसे हुए गाल*

जिनके गालों में मांस नहीं होता,

गाल गड्ढे की तरह धँसे हुए होते हैं वे भाग्यहीन, दुःखी, परेशान होते हैं। वे हमेशा दूसरों के भरोसे रहते हैं। ये लोग कितनी भी कोशिश करें, पर जीवन में सफलता प्राप्त नहीं कर पाते हैं। छोटे-मोटे काम करने में इन्हें अधिक आनंद मिलता है। जिस किसी से भी मिलते हैं अपनी परेशानी, समस्या गिनाने लगते हैं। यदि कोई इनकी मदद करता है, ये उसके गले पड़ जाते हैं।

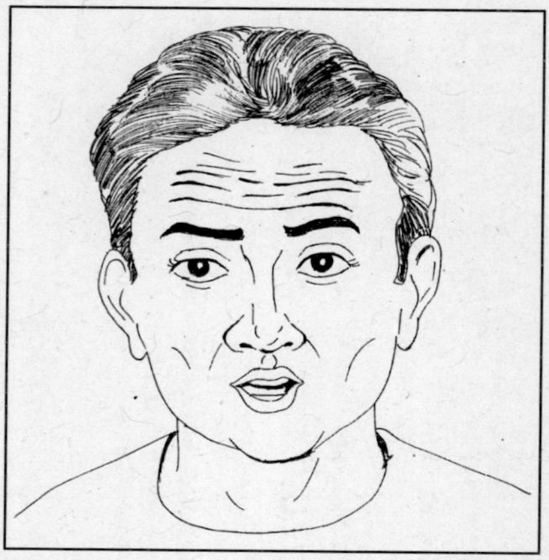

• *चौड़े गाल*

चौड़े और फैले गालवाले अपने काम में काफी निपुण होते हैं। इनका व्यवहार मिलनसार, सभ्य और संयमी होता है। जो काम हाथ में लेते हैं उसे पूरा करके ही छोड़ते हैं। मेहनत करने से कभी घबराते नहीं हैं। इनके पास जबरदस्त आत्मविश्वास होता है, जिसके बल पर जिस किसी भी कार्य को हाथ में ले लेते हैं, उसे पूरा करके ही छोड़ते हैं।

□

आँखें बोलती हैं

कुछ व्यवसाय से जुड़े लोग जैसे संगीतकार, कलाकार, सर्जन, हाथों की मॉडलिंग करनेवाले मॉडल अकसर हाथ मिलाने में परहेज करते हैं। इसकी वजह यह नहीं कि वे घमंडी होते हैं। इनका व्यवसाय ऐसा होता है कि जिसमें हाथों का उपयोग अधिक होता है। वे अपने हाथों को बचाए रखने के लिए ऐसा करते हैं।

आँखें सिर्फ देखने का ही काम नहीं करती हैं। ये मूक भाषा के द्वारा मन के समस्त भावों को उजागर करती हैं। भावनाओं की अनुभूति का सीधा संबंध आँखों से होता है। सुख-दु:ख की सच्चाई आँखों के द्वारा जानी जा सकती है। इनसान के

दिमाग में चल रही गतिविधियों, मन-मस्तिष्क में चलनेवाली उलझन, परेशानी, निराशा ऐसी कोई भी भावना आँखों की हलचल से आसानी से पहचान सकते हैं। आँखों की भाषा में हर्ष, विषाद, मिलन, बिछोह, क्रोध, घृणा, प्यार, भनोभाव, कला, चरित्र आदि सकारात्मक व नकारात्मक भावनाओं को पढ़ा जा सकता है।

इसलिए आँखों को विचारों और भावनाओं का आईना कहा जाता है। आँखों के रूप व स्वरूप का अध्ययन करनेवाले प्रसिद्ध मनोवैज्ञानिक एडविन सेलेस्टर का कहना है कि आँखें किसी भी व्यक्ति के चरित्र का दर्पण होती हैं। आँखों के व्यावहारिक लक्ष्यों के आधार पर किसी भी व्यक्ति के व्यक्तित्व की पूरी तरह से जानकारी मिल सकती है।

किसी के मन में क्या चल रहा है, इसे जानने के लिए उसकी आँखों में झाँक कर देखिए। वहाँ आपको प्रेम का नजारा भी नजर आएगा और नफरत की आग भी दिखाई देगी। अपनेपन की चमक और बुरेपन की चिनगारी भी नजर आएगी। आँखों में मोहब्बत के गहरेपन के अनेक राज छिपे होते हैं। इसे एक प्रेमी-प्रेमिका ही आँखों में झाँककर पढ़ सकते हैं।

बॉडी लैंग्वेज के जानकारों का कहना है कि जब दो दिल आपस में मिलते हैं उस वक्त आँखों की पुतलियाँ फैलकर प्यार की गहराई को दरशाती हैं। प्यार आँखों के रास्ते ही दिल में उतरता है। जब इनसान रोमांचित होता है उस वक्त उसकी पुतलियाँ सामान्य से चार गुना अधिक फैल जाती हैं। शरीर विज्ञान के अनुसार, तेज रोशनी में पुतलियाँ सिकुड़ती हैं और धीमी रोशनी में फैल जाती हैं। अधिक अँधेरा हो तो पुतलियाँ और अधिक फैलती हैं। इसके साथ ही रोमांस का मेल हो जाए तो मादकता कई गुना बढ़ जाती है। ऐसे में रोमांस का मजा कुछ अधिक ही आता है।

आँखों की इस अनोखी भाषा को पढ़ने में पुरुष काफी पीछे होते हैं। स्त्री सिर्फ पुरुषों की आँखों में एक नजर देखकर जान जाती है कि कौन व्यक्ति किस तरह का है। वहीं पुरुष टाई या कॉलर ठीक करके अपने कपड़े व बालों को व्यवस्थित करके अपनी प्रदर्शन की तैयारी करता है या किसी स्त्री को घूर-घूरकर देखने के बावजूद समझ नहीं पाता है कि कौन सी स्त्री उसकी ओर आकर्षित है, कौन नहीं। दूसरी ओर स्त्री के तरकश में ढेरों तीर होते हैं, जिनके वार से वह पुरुषों को दीवाना बना देती है। कातिलाना नजर और आँखों के जादू से वह किसी पुरुष को दीवाना बना सकती है।

स्त्री बिना कुछ कहे सिर्फ आँखों के द्वारा सबकुछ बयाँ कर देती है। कनखियों

से देखना या झुकी पलकों से किसी की ओर देखने की अदा किसी को भी घायल कर देती है। स्त्री की आँखों में आकर्षण, अदा, करुणा, रोमांस जैसे बहुत सारे भाव होते हैं, जिसका इस्तेमाल वह कब किस रूप में करती है यह कहना मुश्किल है। स्त्री अपनी आँखों को हथियार के रूप में इस्तेमाल कर सकती है। इसके द्वारा वह किसी भी पुरुष को घायल कर सकती है। वह आँखों के द्वारा जाल फेंककर किसी पुरुष को इस जाल में फँसा सकती है। वह आँखों से प्यार छलका सकती है, जिससे कोई भी पुरुष सराबोर हो सकता है। आँखों से रोमांस उड़ेल सकती है, जिसमें कोई भी पुरुष डूब सकता है। अपनी आँखों से स्नेह की ताप दे सकती है, जिसमें कोई पिघल सकता है।

पुरुष अकसर झील सी गहरी आँखों में डूबते हैं, क्योंकि स्त्रियाँ उन्हें बताती हैं कि हमारी आँखों में मोहब्बत के गहरे राज होते हैं, जो सिर्फ प्रेमी को ही दिखते हैं। बॉडी लैंग्वेज के जानकार मानते हैं कि आँखों की फैली हुई पुतलियाँ प्यार की गहराई भी दरशाती हैं। सही बात तो यह है कि प्यार आँखों के रास्ते ही दिल में प्रवेश करता है और यह कोई छिपी बात नहीं है।

इनसान रोमांचित हो तो उसकी आँखों की पुतलियाँ सामान्य से चार गुना अधिक तक फैल जाती हैं और गुस्से में या उसकी तरह के नकारात्मक विचार में सिकुड़ जाती हैं।

कोई नजरें मिलाकर कहे तो उसकी बातों पर सरलता से भरोसा किया जा सकता है। और आँखें झुकाकर या इधर-उधर देखकर कहे तो समझें वह झूठ कह रहा है। हालाँकि ऐसा व्यवहार आत्मविश्वास की कमी के कारण भी हो सकता है। बातें करते समय कोई व्यक्ति आपकी आँखों में आँखें डालकर बातें करता है तो वह यह जानने की कोशिश करता है कि उसकी बातों का आपके ऊपर क्या प्रभाव पड़ रहा है या वह जो कुछ कह रहा है उसे आप ध्यान से सुन भी रहे हैं या नहीं।

अलग-अलग लोगों की आँखों के आकार-प्रकार अलग-अलग होते हैं। आँखों की विभिन्न स्थितियों को देखकर लोगों के व्यक्तित्व की परख की जा सकती है। सुंदर श्वेत आँखोंवाला व्यक्ति शांतिप्रिय, कोमल हृदय, लोकप्रिय, विचारवान, न्यायप्रिय, प्रतिभाशाली, दयालु, धार्मिक और चतुर होता है। आँखों के नीचे काले निशानवाले लोग कामुक होते हैं। नीली आँखोंवाले चपल, कामासक्त, होशियार, बुद्धिमान, गंभीर और विचारवान होते हैं। जिनकी आँखें नुकीली होती हैं, वे कार्यकुशल होते हैं।

नीचे देखकर चलनेवाली स्त्रियाँ और ऊपर देखकर चलनेवाले पुरुष अंतर्मुखी

होते हैं। साफ-साफ आँखों में आँखें डालकर बात करनेवाले यानी खुलकर देखनेवाले व्यक्ति नेकदिल, शरीफ और विश्वासपात्र होते हैं। बातचीत करते वक्त आँखों के कोने से देखनेवाला व्यक्ति स्वार्थी होता है। बातचीत करते समय जो व्यक्ति सामने न देखकर आँखें चुराता हो, उसका स्वभाव संदिग्ध होता है। कपटी व्यक्ति की आँखें बदमस्त होती है। यदि किसी की दोनों आँखें बहुत ही करीब हों या वह तिरछी आँखों से देखता हो तो वह विश्वास करने लायक नहीं माना जाता है। हमेशा तिरछी आँखों से देखनेवाले निर्मोही, बदमाश और क्रूर होते हैं।

आँखों के डेले आगे की ओर उभरे व्यक्ति विद्वान व खुले स्वभाव के होते हैं। आँखें मिलते ही पलक बंद करनेवाले झूठे, मक्कार और कपटी किस्म के होते हैं। हर वक्त घूर-घूरकर देखनेवाले बेवकूफ, हिंसक व वाहियात किस्म के होते हैं।

शेर जैसी विशाल आँखों और पलकोंवाले लोग न्यायप्रिय, निष्पक्ष और व्यवसायी होते हैं। हाथी की आँखों जैसी संकुचित आँखें व्यक्ति के व्यवस्थित होने का संकेत देती है। बाघ जैसी पीली एवं प्रभावशाली आँखोंवाले लोगों में बाघ के गुण पाए जाते हैं। भेड़ जैसी संकुचित आँखें व्यक्ति के व्यवस्थित होने की सूचक हैं। घोड़े जैसी त्रिकोण आकार की आँखोंवाले मेहनती होते हैं। साँप जैसी आँखों वाले लोगों की पुतलियाँ सफेद समुद्र के अंदर तैरती दिखाई देती हैं। ऐसे लोग उद्दंड और उग्र स्वभाव के होते हैं। बंदर जैसी छोटी आँखोंवाले अस्थिर और अशांत होते हैं।

बिल्ली जैसी गाढ़ी पीली, नीली आँखोंवाले लोगों का व्यक्तित्व रहस्यमय होता है। ऐसे लोगों का कोई विश्वास नहीं होता है कब क्या करेंगे। भालू जैसी छोटी आँखों में पुतलियाँ ज्यादातर नीचे की ओर होती हैं। ऐसे लोग निर्दयी एवं नीच विचारवाले होते हैं। मुरगे जैसी आँखों की पुतलियाँ बड़ी एवं सफेद भाग छोटा होता है। ऐसे लोग अत्यंत साहसी होते हैं। मछली जैसी आँखों की पुतलियाँ ऊपर की ओर पड़ी हुई या नीचे की ओर झुकी हुई हों तो व्यक्ति अस्थिर, आलसी और कमजोर होता है। काली आँखोंवाले स्नेहदिल-उदार होते हैं। हलकी भूरी आँखोंवाले भावुक, मक्खीचूस और स्वार्थी होते हैं। आँखों का कोना नीचे जाता हो तो आँखें रोती हुई दिखाई देती हैं। आँखें कोनों की ओर झुकी हों तो व्यक्ति निरुत्साही और जीवन के प्रति उदासीन होता है।

• *बड़ी आँखें*

बड़ी आँखें सुंदरता की प्रतीक होती हैं। आँखें बड़ी हों तो किसी का भी ध्यान सबसे पहले आँखों पर ही जाता है। इसीलिए स्त्रियाँ मेकअप द्वारा अपनी

आँखों को बड़ी दरशाने का प्रयास करती हैं। फेस रीडिंग करनेवाले को चाहिए कि वह मेकअप पर ध्यान न दे और आँखों की वास्तविक आकृति पर गौर करे। बड़ी आँखोंवाले लोग खुले विचारों के होते हैं, जिन्हें आसानी से समझा जा सकता है।

ये अपने चरित्र के बारे में खुद ही बहुत कुछ बता देते हैं। ऐसा करने में ही इन्हें संतोष मिलता है। बड़ी व सीधी आँखोंवाले लोग नेकदिल, परोपकारी, चपल, मेहनती, विचारवान, कार्यकुशल, साहसी, शांतिप्रिय एवं फुर्तीले होते हैं। वे परिस्थिति के अनुकूल स्वयं को ढालने का सतत प्रयत्न करते हैं। बड़ी आँखोंवाले व्यक्ति सज्जन, ईमानदार और मिलनसार होते हैं।

लोग उन पर भरोसा करते हैं और अपने दुःख-दर्द उनके साथ बाँटना चाहते हैं। बड़ी आँखोंवाले लोग उन लोगों को नापसंद करते हैं जो हर चीज को छिपाने में यकीन रखते हैं। इन्हें तरह-तरह के विषयों पर विस्तारपूर्वक चर्चा करना अच्छा लगता है। ऐसे लोगों का व्यक्तित्व प्राकृतिक रूप से क्रियाशील और कल्पनात्मक होता है।

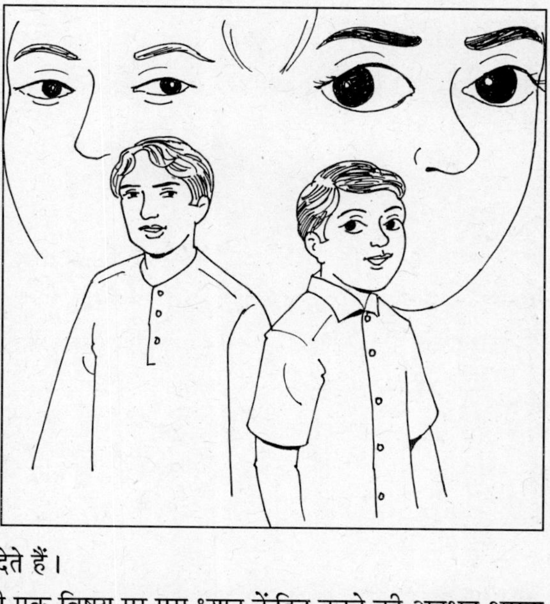

• *छोटी आँखें*

छोटी आँखें निर्धारित करने के लिए पैमाने से इन्हें नहीं नापा जा सकता है। पूरे चेहरे की तुलना में आँखों का आकार देखना चाहिए। छोटी आँखोंवाले गोपनीयता में विश्वास करते हैं। अगर एक बार आपसे खुल जाएँ तो फिर सारे परदे हटा देते हैं।

इन लोगों में किसी एक विषय पर पूरा ध्यान केंद्रित करने की अद्‌भुत क्षमता होती है। ये गहराई तक जाकर हर चीज का निरीक्षण-परीक्षण करते हैं। लेकिन अगर कोई काम ज्यादा कठिन व उबाऊ हो तो जल्दी ही उससे ऊब भी जाते हैं और उसे बीच में ही छोड़ देते हैं।

छोटी आँखोंवाले लोग अशिक्षित, अविवेकी, दिखावा पसंद और स्वार्थी होते

हैं। जिस व्यक्ति की एक आँख छोटी होती है और वह बातें करते वक्त आँखें मूँद लेता है, वह दिल का साफ नहीं होता है। यद्यपि बाहर से वह सज्जनता का प्रदर्शन करता है। ऐसा व्यक्ति किसी भी तरह से अपना स्वार्थ पूर्ण करने की कोशिश करता है।

छोटी, संकुचित गहरी आँखोंवाले लोगों पर शनि ग्रह का प्रभाव ज्यादा होता है। वे गंभीर, विचारवान, किंतु शंकालु, अविश्वासी, कंजूस, पुराने खयालोंवाले और आलसी होते हैं। वे दिखावा नहीं करते हैं। देखा गया है ज्यादातर जुआरियों की आँखों की पुतलियाँ छोटी होती हैं। छोटी आँखोंवाली स्त्रियाँ ईर्ष्यालु होती हैं। वे स्वभाव से चंचल होती हैं, साथ ही चालाक, लालची और हिंसक होती हैं।

• *उभरी हुई आँखें*

इस प्रकार की आँखोंवाले लोग बड़े ही उत्साही और जिज्ञासु होते हैं। ये लोग जीवन के विभिन्न क्षेत्रों में नई-नई संभावनाएँ तलाशते रहते हैं। इन्हें अनुसंधान में बड़ा मजा आता है। दूसरों की जिंदगी में झाँकना इनकी आदत होती है। अपना बहुत सारा वक्त दूसरों की जिंदगी के ताक-झाँक के चक्कर में नष्ट कर देते हैं। ये लोग अकसर लंबे समय तक किसी वादे पर कायम नहीं रह पाते हैं। इसी वजह से ये दूसरों का विश्वास खो देते हैं।

• *सुंदर आँखें*

जिनकी आँखें सुंदर होती हैं, उनका व्यक्तित्व भी सुंदर होता है। उनमें प्यार, अपनापन, संवेदनशीलता, भावुकता और कल्पनाशीलता होती है। सुंदर आँखों वाले व्यवहारकुशल, बुद्धिमान, मेहनती व सामाजिक होते हैं।

अपने अड़ोस-पड़ोस के कार्यक्रम या सामाजिक कार्यक्रम में बढ़-चढ़कर हिस्सा लेते हैं। जरूरत पड़ने पर अपने पास से रुपये भी खर्च करते हैं। सामाजिक कार्यों में बढ़-चढ़कर हिस्सा लेने की वजह से इनकी मान-प्रतिष्ठा भी अच्छी होती है।

कला से इन्हें काफी लगाव होता है। इसके लिए कुछ-न-कुछ करते रहते हैं। खुद कलाकार होते हैं या कलाकार को प्रोत्साहन देते हैं। इनका दांपत्य जीवन काफी अच्छा व व्यवहारकुशल होता है।

सुंदर आँखोंवाले सभी सुंदर हों ऐसा नहीं होता है। कुछ का स्वभाव बड़ा ही कटु, अभद्र और असामाजिक होता है। ऐसे लोगों की संख्या काफी कम होती है।

• *चंचल आँखें*

जिनकी आँखें अस्थिर रहती हैं, उन्हें चंचल आँखोंवाला कहा जाता है। ऐसी आँखोंवालों का चरित्र अच्छा नहीं होता है। ऐसे लोग स्वार्थी, धोखेबाज, धूर्त और मतलबी होते हैं।

जीवन भर दुष्कर्म में लिप्त रहते हैं, हर तरह की बुराई इनमें भरी होती है। मौज-मस्ती और ऐश्वर्यपूर्ण जीवन जीने के लिए कुछ भी करने के लिए तैयार रहते हैं। ऐसी आँखोंवाले दिलफेंक व आशिक-मिजाज होते हैं। अपने हाव-भाव व बातचीत द्वारा किसी को भी प्रभावित कर लेते हैं। खासकर महिलाएँ इनके प्रभाव में जल्दी आ जाती हैं।

ऐसे लोग लड़कियों को फाँसकर अपना स्वार्थ निकालकर इन्हें चूसे आम की तरह अपनी जिंदगी से निकालकर फेंक देते हैं और दूसरी की तलाश में लग जाते हैं। कितनी भी कसम खाने पर इनका भरोसा नहीं किया जा सकता है, क्योंकि मौका पाते ही कब पलटी मार जाएँ यह कहा नहीं जा सकता।

इन्हें आस्तिन का साँप भी कहा जाता है, क्योंकि जो इनकी मदद करता है उन्हें भी ये अपना शिकार बनाने से नहीं चूकते हैं। अनेक प्रकार के व्यसन करने की वजह से इनका रहन-सहन काफी खराब व आवाज कर्कश होती है। इनके बात करने का अंदाज बहुत गंदा होता है। गाली देकर बात करने में इन्हें काफी मजा आता है। बॉडी लैंग्वेज के विशेषज्ञ ऐसे लोगों से बचकर रहने के लिए कहते हैं। मनोचिकित्सक डॉ. विलियम टेम्स का कहना है कि साँप के काटने पर मनुष्य एक बार बच सकता है, पर इनके चक्कर में आया इनसान किसी भी हालत में नहीं बच सकता।

चंचल व कंजी आँखोंवाली स्त्रियों का स्वभाव काफी भिन्न होता है। ऊपर से तो वे कोमल स्वभाववाली दिखने की कोशिश करती हैं पर दिल से कठोर होती हैं। दिखाने के लिए पति से प्यार करती हैं, पर मन में दूसरे को भी बिठाकर रखती हैं। ऐसी स्त्रियाँ अवसरवादी भी होती हैं, जिधर लाभ दिखता है, उधर हो जाती हैं। वे कब किसी को धोखा दे जाएँ, कहना मुश्किल है।

• छोटी आँखें

छोटी आँखोंवाले अधिकतर लोग अंतर्मुखी व प्रतिभावाले होते हैं। कम मिलनसार होते हैं। बहस, वाद-विवाद से दूर रहते हैं। बातों का अंदाज मोहक होता है जिसके चलते लोग इनसे प्रभावित होते हैं, पर वे लोगों से अधिक संपर्क रखना नहीं चाहते हैं। इसके चलते इनके मित्र कम होते हैं।

इनकी महत्त्वाकांक्षा बहुत बड़ी होती है। पर मन में निगेटिव थिंकिंग भरी होने की वजह से अपनी आकांक्षा को पूरी करने की कोशिश नहीं करते हैं। यदि किसी तरह से एक कदम बढ़ाते हैं तो अगला कदम पीछे खिंच लेते हैं। ऐसी आँखोंवाले अनेक लोगों का स्वभाव सनकीवाला भी होता है। कब क्या कर बैठे कहा नहीं जा सकता। आदतन झूठ नहीं बोलते हैं, पर अभी कहाँ हैं थोड़ी देर में कहाँ होंगे कहा नहीं जा सकता है। किसी काम को लगातार लगकर पूरा नहीं कर पाते हैं। इसकी वजह है इनका मन हमेशा विचलित होता रहता है।

इनकी आँखों में आकर्षण काफी होता है। जिसके चलते लड़कियाँ इनसे जल्दी प्रभावित हो जाती हैं। इनके करीब आने की कोशिश करती हैं। पर इन्हें इसमें रुचि नहीं होती। जब तक किसी लड़की को पसंद करके जवाब देते, तब तक काफी देर हो चुकी होती है।

छोटी आँखोंवाली स्त्रियाँ अत्यंत सुव्यवस्थित तथा आत्मसंतोषी होती हैं। ये तब तक किसी पर विश्वास नहीं करतीं, जब तक उसके बारे में पूरी जानकारी हासिल न कर लें। छोटी आँखोंवाली स्त्रियाँ जिसे चाहने लगती हैं, पूरी निष्ठा से जीवनपर्यंत उसका साथ निभाती हैं।

• गोल आँखें

गोल आँखोंवाले लोग अति महत्त्वाकांक्षी व सुविधापूर्ण जीवन की चाहत रखनेवाले होते हैं। इनका स्वभाव शांत, सरल व खुशमिजाज होता है, पर अंदर से

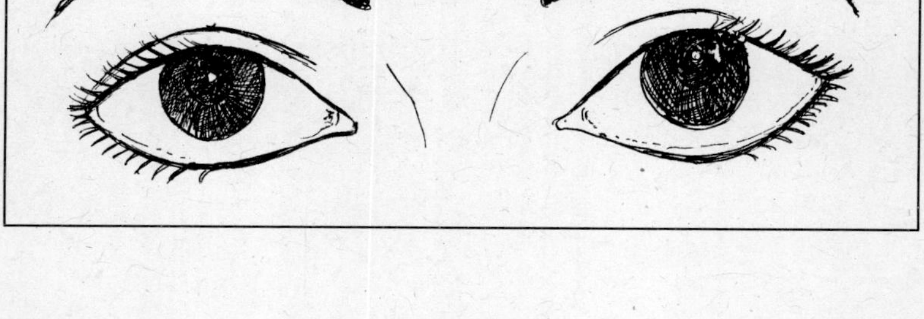

बिलकुल विपरीत होता है।

मिलनसार तो होते हैं, पर हमेशा अपना स्वार्थ पूरा करने की कोशिश में लगे रहते हैं। स्वादिष्ट खान-पान के प्रेमी होते हैं। पर कहीं से यदि जुगाड़ हो जाए तो अपनी जेब का पैसा खर्च करने की जरूरत महसूस नहीं करते हैं।

जीवन को मौज-मस्ती से जीना चाहते हैं, पर इसके लिए मेहनत नहीं, बल्कि दूसरों के पैसों पर इसे पाना चाहते हैं। अपनी महत्त्वाकांक्षाओं को पूरा करने के लिए सपना देखते हैं, पर मेहनत करना इन्हें गवारा नहीं होता है।

आदर्श की बात तो करते हैं, पर खुद इससे दूर रहते हैं। व्यसनप्रेमी होते हैं। मद्यपान करते हैं। इसके साथ ही मद्यपान शरीर के लिए खतरा होता है, इस बारे में लेक्चर भी देते हैं। गोल आँखोंवाले अनेक लोगों का स्वभाव इससे कुछ विपरीत भी होता है जो अपने स्वभाव की वजह से काफी लोकप्रिय होते हैं।

• चौड़ी आँखें

चौड़ी आँखोंवाले लोग शांत, खुशमिजाज और मिलनसार होते हैं। इनमें दूसरों की मदद करना, अपने काम को समय से पूरा करना, किसी भी बुराई से बचना जैसी आदतें होती हैं। काफी मेहनती होते हैं। अपने काम को पूरा करने में लगे रहते हैं। काम करते वक्त काम-से-काम रखते हैं। उस वक्त उनका ध्यान किसी ओर नहीं जाता है।

इसके विपरीत यदि आँखें अधिक चौड़ी हैं तो वे स्वार्थी, जिद्दी, मंदबुद्धिवाले होते हैं। दूसरों के भरोसे रहनेवाले, अपने काम को कभी पूरा न करनेवाले, दूसरों को भी अपनी हरकतों से परेशान करनेवाले होते हैं।

यदि दो चौड़ी आँखोंवाले एक जगह जमा हो जाएँ तो इनकी हरकतों से खुद को बचाना मुश्किल होता है। दोनों कब खुश रहेंगे, कब मारपीट करने लगेंगे कहना मुश्किल होता है। यदि ऐसी आँखोंवाले दो विपरीत लिंगी एक जगह पर होते हैं तो इनका स्वभाव बड़ा शांत होता है।

दोनों में आपस में काफी तालमेल होता है। यदि दो मोटी आँखोंवाली स्त्री एक जगह पर होती हैं तो अलग-अलग दिशाओं में भागती हैं। एक जगह पर अधिक देर तक बैठ नहीं पाती हैं, क्योंकि आपस में वाद-विवाद या लड़ाइयाँ शुरू हो जाती हैं।

• नीची झुकाववाली आँखें

ऐसी आँखोंवाले व्यक्ति का स्वभाव काफी अजीब किस्म का होता है। दूसरों

की निंदा करना, आलोचना करना, कमियाँ निकालना, भली-बुरी बातें करना इनकी आदत होती है। खुद को सर्वश्रेष्ठ मानना या घोषित करना व दूसरों का श्रेय चुराना इन्हें अच्छा लगता है।

किसी काम को हाथ में लेने के पहले अनेक बार सोचते हैं। अनेक बार सोचने के बाद भी ऐन वक्त पर उस काम को हाथ में लेने से इनकार कर देते हैं। इनका स्वभाव काफी सरल होता है तो कभी तेज हो जाता है। इनके संपर्क में रहने वाले कभी-कभी असमंजस की स्थिति में हो जाते हैं कि इन्हें क्या हो गया है।

जिस दिन इनका स्वभाव दिन में शांत होता है, रात्रि में स्वभाव में परिवर्तन आ जाता है। उस वक्त उनका स्वभाव गंभीर हो जाता है। निराशा, असंभव, बेकार जैसी बातें इनकी जुबान पर होती हैं। खुद में काबिलीयत होने के बाद भी वे अपने आपको सँभाल नहीं पाते हैं। सफलता की सीढ़ी अपने पास होने के बावजूद उसे इधर-उधर ढूँढ़ते रहते हैं।

जिन स्त्रियों की आँखें नीचे की ओर झुकी होती हैं, वे विचारशील, विनम्र, सीधी व त्याग करनेवाली होती हैं। हर किसी पर विश्वास कर लेती हैं, जिसके कारण वे अकसर धोखा भी खा जाती हैं।

• ऊपरी झुकाववाली आँखें

ऐसी आँखोंवाले परोपकारी, खिलाड़ी व संयमी होते हैं। इन्हें शांत वातावरण अच्छा लगता है। खुश व शांत रहना पसंद करते हैं। किसी की मदद करने के लिए हमेशा आगे रहते हैं।

इन्हें गुस्सा कम आता है। कोई इन्हें परेशान करता है तो इसे ये बरदाश्त नहीं कर पाते हैं। मित्रों का दायरा काफी बड़ा होता है। इनके मित्र आपस में मिलते हैं, एक-दूसरे की हौसला अफजाई भी करते हैं। दोस्तों के साथ लंबे समय तक गुफ्तगू करना इन्हें पसंद है।

अन्याय के प्रति इनके मन में हमेशा आग जलती रहती है। जब भी किसी पर अन्याय होता देखते हैं चुप नहीं रह पाते हैं। इन्हें किसी बात से डर नहीं लगता। झूठी बातें करनेवाले और अफवाह फैलानेवाले को दुश्मन की श्रेणी में रखते हैं।

• गोलाकार आँखें

गोलाकार आँखोंवाले व्यक्ति वाकपटु होते हैं। अपने तर्क द्वारा हर किसी को प्रभावित कर लेते हैं। किसी भी काम को पूरी तरह से जाँच-पड़ताल करने के बाद उसे शुरू करते हैं। जिसकी वजह से हर क्षेत्र में जल्दी सफल हो जाते हैं। दूरदर्शी और गहरी सोच रखते हैं। स्वभाव से चतुर व चालाक होते हैं।

अपने काम व व्यवहार द्वारा हर किसी का दिल जीत लेते हैं। किसी भी काम को बड़ी ही सावधानी के साथ करते हैं। किसी के कहने पर चलना इन्हें अच्छा नहीं लगता है। जो इन्हें आदेश देते हैं, वे उनसे बैर रखना पसंद करते हैं।

अपने मन की बात किसी को जानने नहीं देते हैं। इसके लिए भले ही उन्हें जान देनी पड़े। किसी भी बात की गहराई तक जाते हैं। जिसके लिए ये जासूसी करने में अधिक रुचि लेते हैं और सफल भी होते हैं।

याद रखिए, यदि आँखें उल्लू की तरह पूरी तरह से गोल हैं तो समझें उनका स्वभाव पूरी तरह से विपरीत होगा। स्वार्थी व धोखेबाज होंगे। ऐसी आँखोंवालों से बचकर रहें।

• हलकी गोलाकार आँखें

हलकी गोलाकार आँखोंवाले स्वार्थी, काफी आकर्षक व प्रभावशाली होते हैं। आँखों के आकर्षण की वजह से हर कोई इनकी ओर खिंचा चला आता है। ऐसे लोगों की हर किसी से जल्दी मित्रता हो जाती है और लंबे समय तक चलती है।

ये खूब मेहनती होते हैं। अपना काम करने में माहिर होते हैं। इनमें कल्पना-शक्ति काफी होती है। कल्पना-शक्ति की हमेशा उड़ान भरते रहते हैं। अपनी कल्पनाओं को पूरा करने की कोशिश करते हैं। पर जल्दी ही निराश हो जाते हैं, जिसके चलते सफल नहीं हो पाते हैं।

हमेशा प्रसन्नचित्त रहनेवाले इस श्रेणी के लोग अपने आकर्षण का लाभ नहीं ले पाते हैं। जब किसी क्षेत्र में फेल हो जाते हैं, अपनी किस्मत को दोष देकर चुप हो जाते हैं।

• त्रिकोणाकार आँखें

त्रिकोणाकार आँखोंवाले लोग वाक्पटुता में माहिर होते हैं, पर झूठी बातें अधिक बोलते हैं। किसी भी बात को बढ़ा-चढ़ाकर बोलना, बेवजह की तारीफ करना व अपनी प्रशंसा करना इनका स्वभाव होता है।

अपनी हाँ-में-हाँ मिलानेवाले लोग इन्हें पसंद होते हैं। जो इनकी हाँ-में-हाँ नहीं मिलाता, उसे वे अपना दुश्मन समझते हैं। उसे क्षति पहुँचाने के लिए कुछ-न-कुछ उपाय ढूँढ़ते रहते हैं। कोई छोटा-मोटा उपाय मिलने पर उस पर बेधड़क आजमाते हैं। सफलता न मिलने पर नया उपाय ढूँढ़ने में लगे रहते हैं।

ऐसी आँखोंवालों को राजनीति, सेल्समैन या बिजनेस करना अच्छा लगता है। इनके अलावा जब ये दूसरा काम करते हैं तो उन्हें असफलता मिलती है।

• कमानीदार आँखें

ऐसी आँखें दूज के चाँद के आकार की होती हैं। इनकी संख्या काफी कम होती हैं। ऐसे आँखोंवाले बेईमान, स्वार्थी, धोखेबाज होते हैं। किसी भी काम को दबाव में पूरा करना इन्हें पसंद होता है।

कोई चीज पसंद आने पर उसे हासिल करने के लिए किसी भी हद तक उतर सकते हैं। अच्छा व्यवहार उनके साथ करते हैं, जिनसे उन्हें फायदा होता है। बड़े ही घमंडी होते हैं। पास में कुछ न होने पर भी शान बघारने में पीछे नहीं होते हैं।

किसी बात को लेकर किसी से भी झगड़ा कर लेते हैं। अपने इलाके में शेर बने रहते हैं। दूसरे इलाके में कुत्ता बनकर रहते हैं। इनके दिमाग में जो बात बैठ जाती है, उन्हें निकालना मुश्किल होता है। ऐसे लोगों की काम-शक्ति तीव्र होती है। वे इसकी पूर्ति के लिए कुछ भी कर सकते हैं।

महिलाएँ ऐसे लोगों को पसंद नहीं करती हैं, क्योंकि इनका चरित्र संदिग्ध होता है। पर कोई-कोई महिला गच्चा खा जाती है। इनके संपर्क में आ जाती है। जब उन्हें प्यार के बदले धोखा मिलता है, उस वक्त पछताकर रह जाती हैं।

• चमकदार आँखें

कोई हँसमुख व्यक्ति हँसता है, तब उनकी चमकदार आँखें चमकने लगती हैं। चमकदार आँखों के स्वामी की ये आँखें उसके व्यक्तित्व में चार चाँद लगा देती हैं। ऐसे व्यक्ति दूर से ही पहचान लिये जाते हैं।

इनके पूरे शरीर में चमकदार आँखों का प्रभाव रहता है। ऐसी आँखोंवालों का

व्यक्तित्व भी काफी साफ, सुथरा व व्यवहारकुशल होता है। स्पष्टवादी, संयमी व समय के पाबंद होते हैं। इनके स्वभाव को देखकर अनेक लोग इन्हें फॉलो करते हैं और इनके जैसा बनने की कोशिश करते हैं।

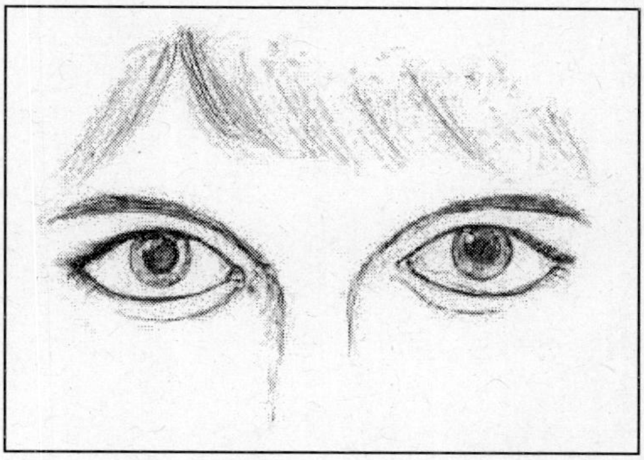

पूरा जीवन बड़े ही व्यवस्थित तरीके से जीते हैं। इनका दांपत्य जीवन भी काफी अच्छा होता है। इनके मित्रों की संख्या अधिक होती है। अपने स्वभाव के कारण इन्हें मित्रों का भरपूर सहयोग मिलता रहता है।

• *अंदर धँसी हुई आँखें*

ऐसी आँखोंवालों का स्वभाव काफी निराशापूर्ण होता है। इनमें गहरी सोच तो होती है पर जीवन में उसका इस्तेमाल नहीं कर पाते हैं, क्योंकि उन गहरी सोच को निगेटिव थिंकिंग में बदल देते हैं।

स्वभाव से संयमी और स्थिर प्रवृत्तिवाले होते हैं। किसी भी निर्णय को लेने में देर करते हैं। कई बार सोचने-विचारने के बाद ऐन वक्त पर अपना निर्णय बदल देते हैं। अपनी परेशानियों को किसी से शेयर नहीं करते हैं। मन में ही छिपा जाते हैं। कोई नजदीकी रिश्तेदार इन्हें कुरेद-कुरेदकर पूछता है तब जाकर खुलते हैं।

अपनी बातों से दूसरों को प्रभावित तो कर लेते हैं पर अगले ही पल अपनी समस्याओं को उसके सामने रख देते हैं। इससे उनका प्रभाव खत्म हो जाता है। किसी भी बात को कहने में निपुण होते हैं, पर इसके बदले लाभ लेने में माहिर नहीं होते हैं।

• *समतल आँखें*

समतल आँखों के स्वामी हमेशा आसान रास्तों की तलाश में रहते हैं। जिसके चलते वे रास्ते से भटक जाते हैं और इन्हें अपनी मंजिल तक पहुँचना मुश्किल हो जाता है। अपना लक्ष्य बार-बार बदलते रहने की वजह से सफलता इनके पास से होकर गुजर जाती है। उसे पकड़ नहीं पाते हैं।

संघर्ष से जी चुराते हैं। जिसकी वजह से उस मुकाम तक नहीं पहुँच पाते हैं,

जिस मुकाम तक उन्हें पहुँचना चाहिए। अपना जीवन हमेशा अनियमितताओं भरा बनाकर रखने की वजह से आगे नहीं बढ़ पाते हैं।

• *भावशून्य आँखें*

ऐसे व्यक्तियों की आँखें देखकर ऐसा लगता है कि कोई गहरी चोट खाए हुए हैं। ऐसे लोग काफी निराशावादी होते हैं। यह सब बार-बार असफल होने की वजह से होता हो ऐसा नहीं है। ये खुद ही अपने आपको फेल घोषित कर निराशा के अंधकार में भटकते रहते हैं।

कोई यदि इन्हें समझाने की कोशिश करता है तो वे उसे भी अपने पाले में घसीट लेते हैं। हमेशा अपने निगेटिव तत्त्व को आगे रखकर किसी भी काम को करते हैं। असफल होकर खुद को श्रेय देते हैं कि मैंने सही सोचा था।

इन्हें एकांत पसंद है। लोगों से मिलना-जुलना कम पसंद करते हैं। गिनती के लोग इनके मित्र होते हैं। मित्रों से अपनी बातों को शेयर करना व उनसे मदद लेना इन्हें पसंद नहीं। जब कभी अधिक निराश होते हैं कहीं घूमने निकल जाते हैं या म्यूजिक सुनना पसंद करते हैं।

भावशून्य आँखोंवाले अपने जीवन में इतना निराश होते हैं कि हर किसी को अपनी परेशानी, समस्या गिनाते रहते हैं, पर खुद उन्हें दूर करने की कोशिश नहीं करते हैं।

• *लाल आँखोंवाले*

जिनकी आँखें हमेशा लाल रहती हैं वे गुस्सैल, क्रूर व अविश्वासी होते हैं। गंभीर किस्म के नशा करनेवालों की आँखें भी लाल होती हैं।

ऐसे व्यक्ति से बचकर रहना चाहिए। कभी भी कुछ कर सकते हैं, क्योंकि इनका खुद पर नियंत्रण नहीं होता है। लाल आँखोंवाले लोग अभिमानी, क्रोधी, स्वार्थी, स्वेच्छाचारी, अशांत और जिद्दी होते हैं।

• *एक आँखवाले*

एक आँखवाले अधिकतर लोगों का स्वभाव समझना मुश्किल होता है। इनमें स्वार्थी, अविश्वासी और चालाक किस्म की प्रवृत्ति अधिक पाई जाती है। ये अपना स्वार्थ पूरा करने के लिए कुछ भी कर सकते हैं। इनमें धोखेबाजों की संख्या भी अधिक होती है। स्त्रियों की बाईं आँखें कानी हों तो खराब मानी जाती है। यदि किसी स्त्री की दाईं आँख कानी हो तो उसे संतान सुख कम मिलता है।

• *नीली आँखोंवाले*

नीली आँखोंवाला व्यक्ति दिखावा पसंद होता है। इनमें कुटिल व चालाक प्रवृत्ति अधिक देखी गई है। अपना कार्य गुप्त रूप से करते हैं। किसी को मालूम नहीं पड़ने देते हैं। झूठी सज्जनता का दिखावा कर किसी को भी अपने चंगुल में फँसाकर ठग लेते हैं।

नीली आँखोंवाली स्त्रियाँ बुद्धिमान, ओजस्वी, विवेकशील व उत्साही होती हैं। किसी भी कार्य को बिना सोचे-समझे नहीं करती हैं। विकट परिस्थितियों में भी पीछे नहीं हटतीं, बल्कि अपने लक्ष्य की ओर बढ़ती रहती हैं। पति से खूब चाहने वाली तथा पति के प्रति समर्पित रहनेवाली होती हैं। झूठी बातों से उन्हें सख्त नफरत होती है, पर अपने बारे में झूठी तारीफ सुनना इन्हें अच्छा लगता है।

• *भूरी आँखों वाले*

जिनकी आँखें भूरी होती हैं, वे स्वार्थी स्वभाव के होते हैं। वे केवल अपने बारे में सोचते हैं। दूसरों की भावनाओं का आदर नहीं करते हैं। न ही सामाजिक और नैतिकता की परवाह करते हैं। ऐसे व्यक्ति दूसरों के मन का भेद जानकर अपना स्वार्थ सिद्ध कर लेते हैं।

• *सफेद आँखोंवाले*

सफेद आँखोंवाले व्यक्ति मौकापरस्त होते हैं। अपना काम निकालने के लिए किसी भी हद तक गिर सकते हैं। ऐसे लोग विश्वास के लायक नहीं होते। किसी को भी ठग सकते हैं। यहाँ तक कि अपने परिवार या रिश्तेदारों को भी नहीं छोड़ते हैं।

• *पीली आँखोंवाले*

इस तरह की आँखोंवाले निराश, हताश, आलसी किस्म के होते हैं। खुद को

दीन-हीन मानकर दूसरों के सामने पेश करते हैं। शरीर और बुद्धि से कमजोर भी होते हैं। शक्की और बीमार मानसिकता के शिकार होते हैं। इन्हें किसी बात को समझाना मुश्किल होता है।

पीली, ऊँची आँखोंवाली और तिरछा देखनेवाली स्त्रियों का चरित्र संदेहास्पद होता है। शरीर का सौदा करनेवाली या देह व्यापार से जुड़ी स्त्रियों की आँखें शहद के रंग के समान होती हैं। पीली आँखें प्रचंड कामशक्ति की सूचक होती हैं।

• मटमैली आँखोंवाले

मटमैली आँखोंवाले व्यक्ति अव्यवहारकुशल व मौकापरस्त होते हैं। कब कौन सा गंदा काम कर बैठें, कहा नहीं जा सकता। इनमें व्यसन प्रवृत्ति अधिक पाई जाती है, जिसकी वजह से अपनी धुन में रहते हैं।

• चितकबरी आँखोंवाले

इस तरह के आँखोंवालों को पहचानना बड़ा ही मुश्किल है। ऐसी आँखोंवाले बड़े ही रहस्यमय प्रवृत्ति के होते हैं। कब किस हालत में मिले कहा नहीं जा सकता। इनकी बुद्धि तेज होती है, पर अपनी बुद्धि का ये हमेशा गलत कामों में इस्तेमाल करते हैं।

• हरी आँखोंवाले

हरी आँखोंवाले प्रायः प्रकृतिप्रेमी व कलाकार होते हैं। इनमें परोपकारिता, सज्जनता, व्यावहारिकता, मधुरता जैसे विशेष गुण पाए जाते हैं। हमेशा अच्छा और कुछ नया करने में लगे रहते हैं। हरी आँखोंवालों की संख्या काफी कम होती है।

• काली आँखोंवाली

ऐसी आँखों वाले बुद्धिमान होते हैं। जिस किसी भी क्षेत्र में काम करते हैं वे आगे बढ़ते हैं। काम के प्रति काफी लगाव होता है। किसी भी कार्य को भली-भाँति समझकर उसे पूरा करते हैं। खुद आगे बढ़ते हैं, दूसरों को भी आगे बढ़ने में मदद करते हैं। इनका स्वभाव, शांत, सरल, व्यवहारकुशल होता है। अपने स्वभाव की वजह से इन्हें हर किस्म के लोग पसंद करते हैं।

• *गुलाबी आँखोंवाले*

गुलाबी आँखोंवाले व्यक्ति प्राय: सौंदर्यप्रेमी होते हैं। इन्हें प्रकृति, रंग व कला से काफी लगाव होता है। ये शांतिप्रिय, सभ्य, संयमी और धनवान होते हैं। अपने काम को बड़े ही ध्यान व लगन के साथ पूरा करते हैं।

• *आँखों की पुतलियों को बार-बार घुमानेवाले*

आँखों की पुतलियों को बार-बार घुमानेवाले खोजी प्रवृत्ति के होते हैं। अनेक लोग अस्थिर मानसिकतावाले होते हैं। मतलब उनका दिमाग एक जगह पर स्थिर

नहीं होता है। ऐसे लोग कई काम एक साथ करने लगते हैं। मान लीजिए, चाय और पानी लाकर रखा गया है तो पहले चाय पीने लगेंगे। थोड़ी देर में याद आएगा, पहले पानी पीना चाहिए था। वे चाय छोड़कर पानी पीने लग जाते हैं।

• *बिना पलक झपकाए घूर-घूरकर देखनेवाले*

ऐसे लोग सेक्सी किस्म के होते हैं। खूबसूरत लड़कियों-औरतों पर नजरें गड़ाकर देखते हैं। इस तरह घूरनेवाले लोग काफी बदतमीज किस्म के होते हैं। लड़की के परिवारवाले भी साथ में होने पर ये अपनी हरकतों से बाज नहीं आते हैं। अपनी आदतों की वजह से कभी-कभी लोगों के हाथों मार भी खाते हैं। इसके बावजूद अपनी आदतों से बाज नहीं आते हैं। ऐसे लोगों से खासकर महिलाओं

को बचकर रहना चाहिए। ऐसे लोग महिला पर कब अटैक कर दें कहा नहीं जा सकता।

• बातचीत में पलक को बार-बार झपकानेवाले

ऐसे लोग कुटिल स्वभाव के होते हैं। बाहर से सज्जन दिखते हैं, पर अंदर से दुर्जन होते हैं। इनका स्वभाव समझना बहुत मुश्किल होता है। मीठी बातों से किसी को भी अपने जाल में फँसा लेते हैं। बाद में उसके साथ धोखा करते हैं। इनमें शर्म नाम की बात नहीं होती। कोई इन्हें बुरा कहता है तो हें-हें करके हँस देते हैं। बेशर्मी की हद तो तब होती है, जब वे अपनी बुराइयों का बखान खुद करके हँसते हैं।

□

भौंहों से जानें

अपनी मूँछों को एक हाथ से उमेठनेवालों का स्वभाव शांत होता है, जबकि दोनों हाथों से मूँछों को उमेठने वाले कठोर स्वभाव के होते हैं। मूँछें उमेठकर वे सामनेवाले पर प्रभाव डालना चाहते हैं।

आँख, नाक व होंठ की तरह भौंहें भी व्यक्ति के स्वभाव व उसके व्यक्तित्व को स्पष्ट करती हैं। आपसी मनमुटाव या विरोध के भावों को भी चेहरा बखूबी दरशाता है। यदि किसी व्यक्ति के दिल में अपने दोस्त, रिश्तेदार आदि के प्रति गुस्सा, विरोध या असहमति के भाव हैं, तो उसकी भौंहें मामूली खिंचाव के साथ अंदर की ओर दबी हुई सी होंगी। उसके मस्तिष्क पर ठीक नाक के ऊपर जहाँ पुरुष तिलक लगाते हैं और महिलाएँ बिंदिया लगाती हैं, वहाँ पर दोनों भौंहें एक-

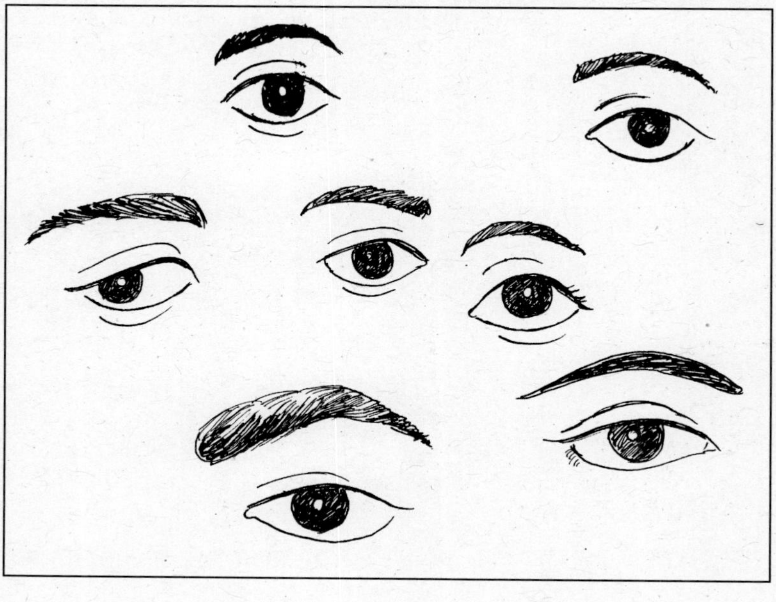

दूसरे से चिपकी हुई नजर आएँगी। वैसे भी भौंहें या भृकुटि चढ़ाना एक मुहावरा भी है, जिसका मतलब ही है गुस्सा होना।

• छोटी और हलकी भौंहें

जिन व्यक्तियों की छोटी और हलकी भौंहें होती हैं, वह पुरुष या स्त्री कुछ दब्बू विचार के होते हैं। साथ ही वे शील, संतोष, शांति और साधारण रहन-सहन को पसंद करनेवाले होते हैं। ऐसे व्यक्ति अपने संपर्क में आनेवाले लोगों से मित्रवत् व्यवहार करनेवाले, कम बोलनेवाले और अधिक परिश्रम करनेवाले होते हैं। खाने के मामले में किफायती होते हैं और अपने मेहमानों को देखते ही बहुत खुश होते हैं और उनका हार्दिक सम्मान भी करते हैं।

• गहरे बालों की मोटी भौंहें

गहरे बालों की मोटी भौंहेंवाले अपने अंदर अहंकार एवं बड़पन्न रखनेवाले होते हैं। वे दूसरों पर अपना रोबीला प्रभाव जमाने तथा अपना काम दूसरों पर थोपकर स्वयं आराम करनेवाले होते हैं। इनके पुत्र-पुत्रियाँ इनसे दूर रहना पसंद करते हैं। इसका मुख्य कारण है कि इनमें नुक्ताचीनी करने की बुरी आदत होती है। इनके नौकर-चाकर भी इनसे तंग रहते हैं।

ये अपने व्यापार में अधिक नफा खाने के इच्छुक होते हैं, जिसके परिणाम-स्वरूप कोई भी ग्राहक एक ही बार इनसे सामान खरीदकर इन्हें दूर से ही नमस्कार कर लेता है। यही कारण है कि किसी भी व्यवसाय में ये सफल नहीं हो पाते हैं।

• बीच से खाली भौंहें

जिस व्यक्ति की भौंहों के बीच का हिस्सा बिलकुल साफ होता है तथा उसमें बालों की मात्रा भी कम होती है, इस प्रकार के लक्षणवाले व्यक्ति हृदय के निर्मल, स्पष्ट और यथोचित् बातें कहनेवाले होते हैं। ऐसे व्यक्ति अलौकिक तत्त्वों की छानबीन करनेवाले, सभी से स्नेहपूर्ण व्यवहार करनेवाले तथा महत्त्वपूर्ण ज्ञान रखनेवाले होते हैं। ऐसे व्यक्ति के लोगों को प्रतिभावान, सिद्धांतवादी एवं दूरदर्शी कहते हैं।

• सीधी या टेढ़ी भौंहें

जिन मनुष्यों की भौंहें नाक की ओर से सीधी होकर कान की ओर नीचे को

झुकती हैं अथवा सीधी ही होती हैं ऐसा व्यक्ति धनाभाव से त्रस्त रहनेवाला, प्रत्येक कार्यों में बहुत प्रतीक्षा के बाद सफल होनेवाला होता है। इन्हें कदम-कदम पर कठिनाइयों का सामना करना पड़ता है। इनमें उत्साह की काफी कमी होती है।

ऐसे व्यक्ति बहुत समझ-बूझकर किसी काम को करते हैं, इसके बाद भी अपने को विफल समझते हैं। ये जितनी भी आय करते हैं सभी खर्च कर देते

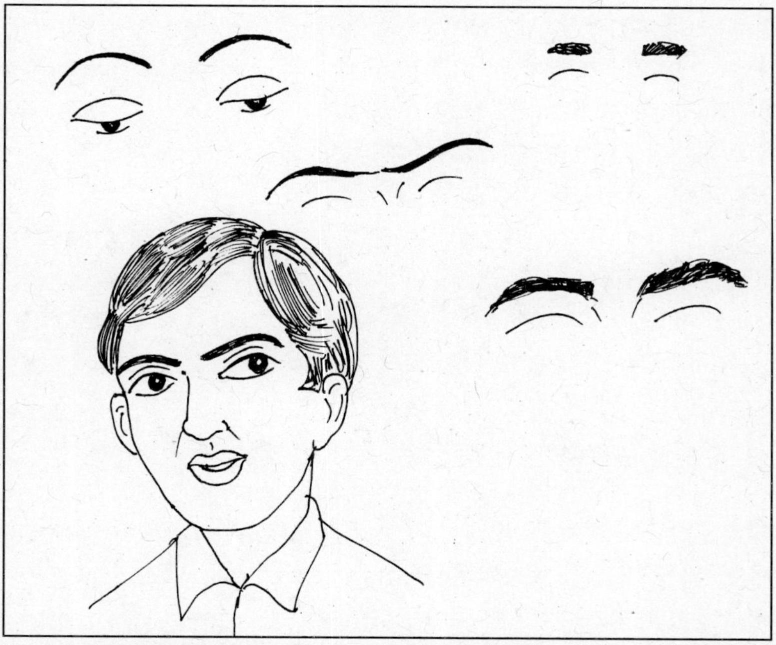

हैं। ऐसे व्यक्ति भविष्य की चिंता न कर वर्तमान की समस्याओं में उलझे रहते हैं तथा इनमें दोष यही होता है कि ये सभी की बातें सुन तो लेते हैं, लेकिन अंत में अपनी ही बातों को सर्वोपरि मानते हैं और भाग्य को कोसते हैं।

• पतली तिरछी कमान सी भौंहें

जिस पुरुष या महिला की भौंहें धुनषाकार झुकी हुई होती हैं, ऐसे व्यक्ति अय्याश, विलासी, अभिनेता, अभिनेत्री अथवा दूसरों पर अपना अचूक प्रभाव डालनेवाले होते हैं। इनको छू लेनेवाले मकड़ी के जाल में फँस जाते हैं। ऐसे व्यक्ति तीव्र बुद्धि वाले एवं प्रतिष्ठित होते हैं।

• दोनों भौंहें मिली हुईं

जिस व्यक्ति की दोनों भौंहें मिलकर एक हो जाती हैं अर्थात् टीका या बिंदी लगाने का स्थान भी बालयुक्त होता है, वह व्यक्ति बहुत चतुराई से काम लेनेवाला, घुमा-फिराकर अप्रत्यक्ष बातें करनेवाला होता है। ऐसे व्यक्ति सत्य धर्म का पालन नहीं करते हैं। ऐसे व्यक्ति पत्नी का पक्षपात करनेवाले होते हैं।

ऐसे व्यक्ति अपना स्वार्थ सिद्ध के लिए ही किसी से संपर्क बढ़ाते हैं। यदि उसके पास विद्या या हुनर हो तो वह दबकर व्यर्थ हो जाते हैं। ऐसी महिलाएँ अपने पति पर रोब जमानेवाली होती हैं, जिसकी वजह से इनकी पति से अनबन होती रहती है। इनके माता-पिता भी इनसे डरते हैं।

ये अपने को जितना चालाक समझते हैं उतने ही ठगे भी जाते हैं। ऐसे लोग दूसरों पर तीर चलाकर स्वयं शिकार होते हैं।

ऐसे लक्षण के मनुष्य साफ हृदय के नहीं होते। रुपए-पैसे या अपनी शादी के लिए खानदानी प्रतिष्ठा की चिंता तक नहीं करते हैं। देखा गया है कि जिनकी भौंहें जुड़ी हुई होती हैं, उनके शरीर में बाल भी अधिक होते हैं। चाल धीमी, आवाजें हलकी और योजनाएँ लंबी होती हैं।

• मोटी व सीधी भौंहें

इस प्रकार की भौंहवाले व्यक्ति क्रोधी स्वभाव के होते हैं। इन्हें जरा-जरा सी बात पर गुस्सा आ जाता है। दूसरों को व्यर्थ की परेशानी में डालकर खुश होते हैं, संयम जैसी बातें इनके शब्दकोश में नहीं होती हैं। हमेशा अपने लाभ की सोचते हैं। किसी से भी फायदा लेने के लिए उसके पीछे लगे रहते हैं, जब तक कि फायदा न मिल जाए और फायदा मिलते ही उड़न छू हो जाते हैं। दोबारा उस व्यक्ति को याद तक नहीं करते हैं।

• कमानीदार भौंहें

इस प्रकार की कमानीदार भौंहवाले व्यक्ति को काफी अच्छा समझा जाता है, क्योंकि इनका स्वभाव शांतप्रिय व कोमल होता है। ऐसे व्यक्ति कलाप्रेमी होते हैं। परोपकारी और कल्पनाशीलता की प्रवृत्ति होने से लोगों में काफी लोकप्रिय भी होते हैं। इन्हें दूसरों का दुःख देखा नहीं जाता। उनका दुःख दूर करने के लिए उनकी मदद भी करते हैं।

• पतली और कम घनी भौंहें

ऐसी भौंहवाले धूर्त, धोखा देनेवाले, कामचोर और आलसी होते हैं। झूठा दिखावा करना इन्हें पसंद होता है। ये जो कहते हैं, वे करते नहीं हैं। जो करते हैं, वे कहते नहीं हैं। किसी से लंबे समय तक मेल-मिलाप रखना इन्हें पसंद नहीं होता है। अपनी कमियों को इन्हें सुनना पसंद नहीं है, पर दूसरों की कमियों को सब के सामने गिनाने से बाज नहीं आते हैं।

• पतली आपस में मिली भौंहें

इस प्रकार की भौंहवाले व्यक्ति काफी उतावले और चिड़चिड़े होते हैं। किसी कारणवश काम में देर हो जाने पर इनका क्रोध सातवें आसमान पर उठ जाता है। दूसरों की निंदा करना, दूसरों की कमियों की पब्लिसिटी करना, दूसरों के काम में कमियाँ निकालना इनकी आदत होती है। अपनी बुराइयों को सुनना पसंद नहीं करते हैं। यदि भूल से किसी ने इन्हें कुछ कह दिया तो उसकी खैर नहीं। उससे माफी मँगवाकर ही छोड़ते हैं। इस बात की गारंटी लेते हैं कि आइंदा कभी किसी के सामने वह उसके बारे में कुछ नहीं कहेगा।

• छोटी भौंहें

जिनकी भौंहें काफी छोटी होती हैं, वे मेहनती व कम बोलने वाले होते हैं। संतोषी प्रवृत्ति के होते हैं। सामान्य जीवन जीना चाहते हैं। अधिक उतावले होते हैं। किसी भी चीज को जल्द-से-जल्द पा लेना चाहते हैं। इनको जब समय से वह चीज नहीं मिलती है, तब झुँझलाने या क्रोध करने लगते हैं। पूरी दुनिया को जालिम घोषित कर देते हैं।

• घने बालोंवाली भौंहें

जिन व्यक्तियों की भौंहें अधिक घनी होती हैं, वे काफी होशियार और चतुर किस्म के होते हैं। गुस्सा इनकी नाक पर होता है। काफी उतावले किस्म के होते हैं। किसी से खुलकर अपनी बात नहीं कहते हैं। सामनेवाले का भेद जानने के लिए तरह-तरह की बातें करते हैं। किसी भी कार्य में अपना स्वार्थ देखते हैं। स्वयं का फायदा होने पर ही उस कार्य में रुचि लेते हैं। चाहे वह कार्य सामाजिक, पारिवारिक, व्यक्तिगत किसी भी तरह का हो। नास्तिक प्रवृत्ति के होते हैं।

भौंहें घनी होने के साथ-साथ सामान्य से अधिक काली हों, तो वे निर्मल

हृदय के होते हैं। वे प्रतिभासंपन्न व गंभीर स्वभाववाले होते हैं। ऐसे लोग अपने सुदंर विचारों से आस-पास के माहौल को रसमय और उल्लासपूर्ण बना देते हैं।

• आँखों के निकट भौंहें

जिन व्यक्तियों की भौंहें आँखों के निकट होती हैं वे चालाक, हठी व जिद्दी स्वभाव के होते हैं। इनकी महत्त्वाकांक्षाएँ काफी होती हैं। वे इसे पूरा करने के लिए हर तरह का काम करते हैं। आँखों के निकट के साथ भौंहें अधिक मोटी व घनी हों तो उनका स्वभाव काफी गुस्सैल होता है। इसके विपरीत कम घनी भौंहेंवाले बड़े ही सतर्कता व सावधानी के साथ जीवन बीताने वाले होते हैं।

आँखों के निकट भौंहें यदि पतली हों तो ऐसी महिलाओं का जीवन काफी अव्यवस्थित होता है। इस तरह की भौंहें के साथ हड्डी उभरी हुई हो तो उनकी लालसाएँ उनकी क्षमता से अधिक होती हैं। ये अकसर अपने उतावलेपन के कारण अपना काम बिगाड़ लेती हैं।

• आँखों से दूर भौंहें

ऐसी भौंहवाले कलाकार होते हैं। इन्हें हर तरह की कला से लगाव होता है। इनके गुण सुंदर, शांतिप्रिय, सभ्य विचारोंवाले, मिलनसार और कल्पनाशील होते हैं। ये कुशल प्रशासक और समाजसुधारक भी होते हैं। हर किसी की बुराइयों से दूर रहने और अच्छाइयों की ओर जाने के लिए प्रेरित करते हैं। इनका रहन-सहन अत्यंत परिष्कृत होता है। इनकी अच्छी आदतों व सौम्य व्यवहार की वजह से लोग इन्हें पसंद करते हैं।

• भौंहें के मध्य की दूरी

दोनों भौंहों के मध्य की दूरी समान अनुपात में होनेवाले व्यक्ति प्रभावशाली व्यक्तित्ववाले होते हैं। स्वयं को किसी भी परिस्थितियों में ढाल लेते हैं। दूसरों को हमेशा आगे बढ़ने के लिए प्रेरित करते हैं। इसके लिए वे हरसंभव मदद करते हैं।

यदि भौंहों के बीच की दूरी सामान्य से अधिक है तो इनका स्वभाव कठोर व स्वार्थी होता है। किसी भी गलत कार्य को करने में उन्हें हिचक नहीं होती है। भौंहें दूर होना और कम घनी होना बौद्धिक क्षमता का परिचायक है। ऐसे लोग पढ़ाकू होते हैं। इनका बौद्धिक स्तर ऊँचा होता है। इनमें जिज्ञासा काफी होती है। किसी चीज की जानकारी के लिए हमेशा जुटे रहते हैं।

यदि भौंहें अधिक घनी हैं तो वे अहंकारी होते हैं। अपने सामने किसी को कुछ नहीं समझते हैं। बालों की क्वालिटी, कलर आदि परिवर्तन होने पर इनके गुणों में भी परिवर्तन हो सकता है। भौंहों के बाल अधिक सख्त व कड़े होने पर उनका स्वभाव क्रोधी होता है।

• *ऊपर की ओर जाती प्रतीत होती भौंहें*

ऐसी भौंहवाले व्यक्ति उच्च महत्त्वाकांक्षी होते हैं। इनमें से अधिकतर उच्च पदों पर आसीन होते हैं। इनमें नेतृत्व क्षमता, तार्किक शक्ति काफी होती है। जो उच्च पद पर नहीं हैं वे उच्च काम कर रहे होते हैं। स्वभाव सरल होता है। इन्हें गुस्सा जल्दी नहीं आता है।

किसी भी काम को योजनाबद्ध तरीके से करते हैं। दिखने में लापरवाह लगते हैं, पर अपना काम समय से पूरा करते हैं। अपने साथ के लोगों को अनुशासन, व्यवहार कुशलता, समय की पाबंदी सिखा देते हैं। जिंदगी को बहुत आरामदायक तरीके से जीते हैं।

• *नीचे की ओर जाती प्रतीत होती भौंहें*

इस तरह की भौंहवाले व्यक्ति कम पढ़े-लिखे व कम बुद्धिवाले होते हैं। अपनी ऊँटपटाँग हरकतों की वजह से खुद परेशान होते हैं, दूसरों को भी परेशान करते हैं। यदि इनकी भौंहे घनी और काली हों तो इनके गुणों में वृद्धि हो जाती है। ऐसे लोग अधिक विचारशील होते हैं। अपने कार्यों के द्वारा हर किसी को प्रभावित कर लेते हैं।

• *त्रिकोणाकार भौंहें*

जिनकी भौंहें बीच में से त्रिकोना उठाव लिये होती हैं, उन्हें त्रिकोणाकार भौंहवाला व्यक्ति कहा जाता है। ऐसे लोग घमंडी, जिद्दी, अहंकारी होते हैं। बिना वजह किसी पर भी रोब गाँठना, हर किसी के सामने अपनी बड़ाई करना व किसी बात की जिद्द करना इनकी आदत होती है।

अपने स्वार्थ की पूर्ति के लिए अनुचित कार्य करने से भी पीछे नहीं हटते हैं। दूसरों से भी अनुचित कार्य करवाते हैं। दूसरों की कमजोरी का लाभ उठाना इन्हें खूब आता है। ये सच्चे प्रेमी होते हैं। जिसे चाहते है, जी-जान से चाहते हैं। यदि इनकी भौंहों के दोनों किनारे नुकीले हों तो वे क्रूर व निर्दयी होते हैं।

□

पलक से जानें स्वभाव

आँखों के ऊपर पलकें स्थित होती हैं। पलकें आँखों की रक्षक होती हैं। पलकें आँखों पर झपकती रहती हैं। पलकें झपकाने में एक सामान्य गति होती है। एक स्वस्थ मनुष्य दिन भर में 1 लाख बार पलकें झपकाता है। पलकों के झपकाने की भिन्नताओं के द्वारा भी व्यक्ति के व्यक्तित्व को पहचाना जा सकता है।

बॉडी लैंग्वेज विशेषज्ञों का मानना है कि पलकों की भिन्नताओं को पढ़ना काफी बारीक व समझदारी का काम है, क्योंकि पलकों के झपकाने की गति सेकंडों में होती है। उन गति को गिनकर ही लोगों के स्वभाव को समझा जा सकता है।

• *पलक बिलकुल न झपकना*

जिन्हें किसी बात का शॉक लगता है, उनकी पलकें फ्रीज हो जाती हैं यानी झपकनी बंद हो जाती हैं। किसी बात का भय समा जाने पर भी पलकें कुछ देर के लिए फ्रीज हो जाती हैं।

कोई व्यक्ति यदि किसी चीज को गंभीरता या गहराई से सोचने लगता है, उसकी आँखों की पलकों का झपकना रुक जाता है। जब कोई रोमानी कल्पना करने लगता है, उस वक्त वह उसमें खो जाता है और उसकी पलक झपकना बंद हो जाती है।

• *पलक कम झपकना*

जिनकी पलकें काफी कम गति से झपकती हैं वे दीनहीन, असहाय और गरीब होते हैं। बीमार, हैरान, परेशान लोगों की पलकें भी कम गति से झपकती हैं। इनके पलक झपकाने की गति 0 से 5 सेकंड होती है।

• कुछ अंतर में पलक झपकना

जिनकी पलक कुछ अंतर में झपकती हैं, यानी 5 से 10 सेकंड के अंदर एक बार झपकती हैं, वे दुर्भाग्यशाली और धनहीन व्यक्ति होते हैं। वे हमेशा परेशानियों का सामना करते रहते हैं।

• सामान्य गति से पलक झपकना

सामान्य गति से पलक झपकानेवाले व्यक्तियों का बौद्धिक स्तर ऊँचा होता है। उनका व्यवहार सरल व शांत होता है। किसी बात को वे अच्छी तरह से समझ जाते हैं। वे अच्छे विचारक व दूर दृष्टिवाले होते हैं। अपने काम से मतलब रखते हैं।

• अधिक पलकें झपकना

जिनकी पलकें अधिक झपकती हैं, वे अस्थिर स्वभाव वाले होते हैं। वे किसी भी तरह से अपने आपको एकाग्र नहीं कर पाते हैं। उनका दिल कमजोर होता है। वे डर-डर के जीने वाले होते हैं। काफी संकोची स्वभाव के होते हैं। वे अपनी बात को किसी के सामने रखने में डरते हैं।

• भारी पलक

जिनकी पलकें भारी होती हैं, वे हैरान, परेशान, चिंताग्रस्त और जीवन की अनियमितताओं से घिरे होते हैं। अपनी परेशानियों से हमेशा जूझते रहते हैं। उनका स्वभाव चिड़चिड़ा व रूखा होता है।

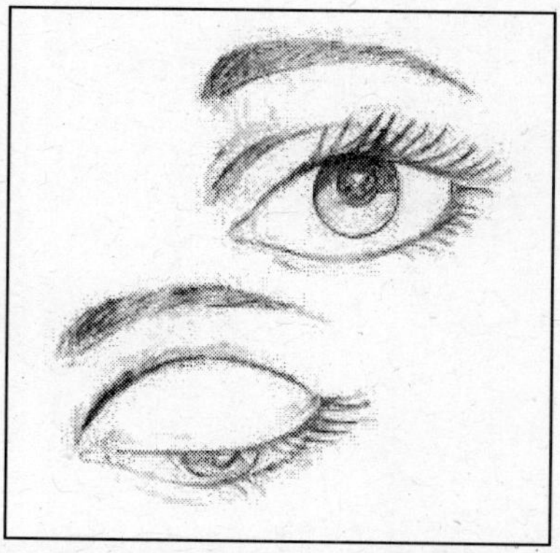

• पतली पलक

जिनकी पलकें पतली होती हैं, वे बड़े खुशनसीब होते हैं। उनका जीवन काफी सुखी होता है। वे धनवान व सुखी-संपन्न होते हैं।

• छोटी पलक

छोटी पलकवाले कमजोर और बीमार प्रवृत्ति के होते हैं। उनका स्वभाव शांत व सहनशील होता है। अपनी बात को किसी के सामने कहने से डरते हैं।

• छोटी बालोंवाली पलकें

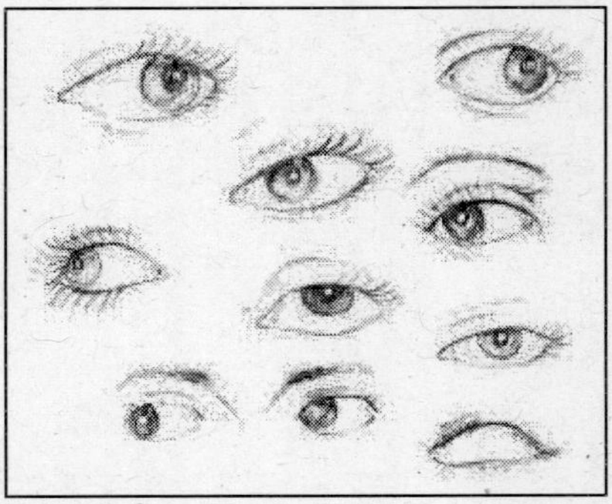

जिनकी पलकों पर छोटे बाल होते हैं, उनका व्यक्तित्व काफी सरल होता है। वे संघर्षशील होते हैं। किसी भी परिस्थितियों में खुद को ढाल लेते हैं।

• लंबे बालोंवाली पलकें

ऐसी पलकवाले कलाप्रेमी होते हैं या कलाकार होते हैं। सरल, मिलनसार व सर्वगुण संपन्न होते हैं। ऐसे लोग अच्छे प्रेमी होते हैं।

□

होंठों के आकार से जानें

गलत काम में पकड़े जाने पर व्यक्ति अपने दोनों हाथों से मुँह छिपा लेता है। इसका मतलब गलत काम में पकड़े जाने पर उसे शर्म महसूस हो रही है। वहीं झूठ पकड़े जाने पर भी हाथ तेजी से मुँह ढक लेते हैं। ये सब शारीरिक क्रियाएँ अपने आप होती हैं। इन्हें करने की आवश्यकता नहीं होती।

बॉडी लैंग्वेज द्वारा लोगों को पहचानने के लिए होंठ काफी महत्त्वपूर्ण होते हैं। होंठों का आकार, रंग व मुसकान व्यक्ति की बुद्धिमानी, भावुकता, स्वास्थ्य और व्यक्तित्व बयान कर देते हैं।

• *भरे हुए होंठ*

इस प्रकार के होंठ बड़े और मांसल होते हैं। ऐसे होंठोंवाले लोग खुशमिजाज होते हैं। ये अपने आप में मस्त रहते हैं और हँसी-मजाक इन्हें काफी प्रिय होता है। अगर इन्हें मौज-मस्तीवाला माहौल न मिले तो ये जीवन की रफ्तार खो देते हैं

और आलसी हो जाते हैं।

• छोटे होंठ

छोटे होंठ के अंतर्गत वे होंठ आते हैं, जो बहुत पतले होते हैं और जब मुँह बंद हो तो होंठों की चौड़ाई व नाक के सबसे चौड़े हिस्से के बराबर होती है।

अंतर्मुखी लोगों के होंठ ऐसे ही होते हैं। ये लोग स्वतंत्रताप्रेमी होते हैं और इनकी इच्छाशक्ति बड़ी प्रबल होती है। ये बड़े आकर्षक और मेहनती भी होते हैं। लेकिन ये अकेले रहना पसंद करते हैं। इस तरह के कई लोग बड़े जाहिल भी हो सकते हैं, जिन्हें समझ पाना बड़ा कठिन काम होता है।

• पतले होंठ

मेहनती और जिम्मेदार लोगों के होंठ पतले होते हैं। ये लोग अपने उद्देश्य के लिए जरूरत से ज्यादा मेहनत करते हैं, इसलिए जल्दी थक जाते हैं और कभी-कभी इनका उद्देश्य अधूरा ही रह जाता है। अकसर ये जिंदगी के बारे में बड़ी गंभीरता से सोचते हैं। तनाव के दौरान ऐसे लोग अकसर अपनी आँखों में सख्ती और अजीब सी सनसनी महसूस करते हैं।

• सीधा होंठ

सीधी रेखा की तरह प्रतीत होनेवाला लंबा होंठ व्यक्ति की मानसिक बौद्धिकता और गंभीरता को दरशाता है। ऐसे होंठवाले व्यवहारकुशल, मृदुभाषी और मितव्ययी होते हैं। दूसरों की मदद करना इनका खास स्वभाव होता है। ऐसे होंठ यदि सुडौल हों तो वे श्रेष्ठ कलाकार होते

हैं। उनकी अपनी एक अलग पहचान होती है।

• *मोटे होंठ*

जिनके ऊपरी होंठ निचले होंठ से मोटे होते हैं, वे बातचीत में निपुण होते हैं। प्रायः वे हर तरह के विषय पर बोलने में माहिर होते हैं। ऐसे लोग दूसरों पर हावी होते हैं। अपने खास लोगों को भी दबाकर रखने की कोशिश करते हैं। ये कपटी और धोखेबाज भी होते हैं।

• *बड़ा होंठ*

ऊपरी होंठ निचले होंठ से बड़ा होना व्यक्ति की मानसिक चिंताओं को दरशाता है। ऐसे व्यक्ति कई प्रकार की परेशानियों से घिरे होते हैं। इनमें सहनशीलता काफी होती है। ये व्यवहारकुशल और मेहनती होते हैं।

• *छोटे होंठ*

ऊपरी होंठ निचले होंठ से छोटा होना असंयमी और अहंकारी होना दरशाता है। ऐसे व्यक्ति चाटुकार होते हैं। दूसरों की तारीफ कर उनसे किसी तरह से अपना काम निकालने में लगे रहते हैं। इनमें कामचोरी की आदत भी देखी गई है।

• *लटका हुआ होंठ*

ऊपरी होंठ से निचला होंठ लटका हुआ होने पर व्यक्ति संतोषी प्रवृत्ति का होता है। यह नियमित जीवनशैलीवाला होता है। अपने काम से काम रखना, दूसरों की मदद करना, किसी भी बात में समझौता करना इनकी आदत होती है। किसी को परेशानी में देखकर इन्हें बड़ा दुःख होता है। ऐसे में ये अपने पास कुछ न होने पर भी दूसरों की मदद करने की कोशिश करते हैं।

• *उठा हुआ होंठ*

जिनके होंठ ऊपर की ओर उठा हुआ होता है वे लालची प्रवृत्ति के होते हैं।

किसी तरह से पैसा आना चाहिए, इसी में लगे रहते हैं। पैसों के लिए कुछ भी करने को राजी होते हैं। ये खानपान के भी शौकीन होते हैं, पर अपनी जेब से पैसा खर्च कर अच्छा खाएँगे ऐसा नहीं है।

• *लाल होंठ*

जिनके होंठ लाली लिये होते हैं, उनका स्वभाव उत्तम होता है। ये आकर्षक व्यक्तित्व के परिचायक होते हैं। स्वभाव सरल, मेहनती व मिलनसार होता है। जीवन में सुखी होते हैं। इनमें उच्च महत्त्वाकांक्षा होती है। वे इसे बड़े ही सहज ढंग से पा लेते हैं।

• *गुलाबी होंठ*

जिनके होंठ गुलाबी रंगत लिये होता है, वे सरल, आकर्षक, सहनशील व व्यवहारकुशल होते हैं। इनमें काफी आकर्षण होता है। खासकर लड़कियाँ इनके प्रति काफी जल्दी आकर्षित हो जाती हैं। अपने आकर्षक व्यक्तित्व की वजह से हर किसी पर प्रभाव छोड़ते हैं।

• *काले होंठ*

काले होंठवाले व्यक्ति झूठ, फरेब व गलत काम में लिप्त होते हैं। मेहनत की बजाय सॉफ्ट तरीके से आगे बढ़ने की कोशिश में लगे रहते हैं। गहरे काले होंठवाले व्यक्ति किसी-न-किसी प्रकार के व्यसन का इस्तेमाल करनेवाले होते हैं। ऐसे होंठवाले पेट, हृदय व रक्त संबंधित बीमारियों से पीड़ित भी हो सकते हैं।

• *नीले होंठ*

ऐसे रंग के होंठवाले व्यक्ति अव्यवहार कुशल, लोभी व स्वार्थी किस्म के होते हैं। इन्हें जीवन में कोई लगाव नहीं होता है। ऐसे होंठवाले व्यक्ति गंभीर किस्म का व्यसन का इस्तेमाल करते हैं। हो सकता है, ये साँप के जहर का इस्तेमाल करते हों। नीले होंठवाले की संख्या बहुत कम होती है।

• *पीले होंठ*

होंठों पर यदि पीलापन छाया हुआ है तो वह व्यक्ति किसी प्रकार के पेट के रोग, रक्त संबंधित बीमारी, किडनी रोग आदि से पीड़ित है। ऐसे लोग मानसिक

रूप से कमजोर होते हैं।

• *चिकने होंठ*

चिकने होंठवाले व्यक्ति बड़े ही रहस्यमयवादी होते हैं। ये बाहर से दिखते कुछ और हैं, अंदर से कुछ और होते हैं। इन्हें पहचान पाना मुश्किल होता है। अधिक चिकने होंठोंवाली स्त्री सेक्सी होती है। अपने होंठों द्वारा किसी को भी अपनी ओर आकर्षित करती है, पर जल्दी किसी को अपने ऊपर हावी होने नहीं देती।

• *पतला होंठ*

जिनका होंठ पतला होता है, उनका स्वभाव उत्तेजित होता है। ऐसे व्यक्ति किसी भी बात पर शीघ्र उत्तेजित हो जाते हैं। ये चिड़चिड़े, आलसी व लापरवाह किस्म के होते हैं। अपनी गलती को दूसरों पर डाल देना इनका स्वभाव होता है। ये हमेशा दूसरों की बुराई निकालने में लगे रहते हैं।

• *लंबा होंठ*

कुछ लोगों के होंठ लंबे होते हैं। लंबा होंठ भाग्योदय की कमी और धन की कमी ही दरशाता है। ऐसे व्यक्ति काफी अव्यवस्थित होते हैं। ये स्थिर होकर एक काम को कर नहीं पाते हैं। ये काम शुरू करने के बाद उस काम को अंजाम तक

पहुँचाने में हार मान जाते हैं। उसे बीच में छोड़कर दूसरा काम शुरू कर देते हैं।

• *झुका हुआ होंठ*

जिनके होंठ एक ओर झुके होते हैं, वे लालची प्रवृत्ति के होते हैं। उनमें चारित्रिक कमजोरी भी होती है। मौका मिलने पर अपना स्वार्थ पूरा करने में नहीं चुकते हैं। किसी परेशानी में फँसने पर वहाँ से निकलने के लिए गधे को भी बाप कह सकते हैं।

• *दोनों होंठ खुले रहना*

जिनके होंठ आपस में जुड़े रहने की बजाय खुले रहते हैं, होंठों के बीच में से दाँत दिखाई देते हैं, ऐसे व्यक्ति भोगी, व्यसनी, अविश्वासी व अल्पबुद्धिवाले होते हैं।

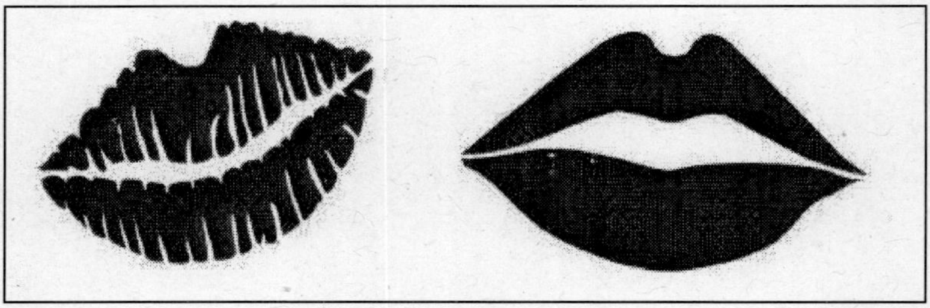

• *चोंच की तरह होंठ*

पक्षी की चोंच की तरह बाहर निकले होंठवाले व्यक्ति चाटुकार, स्वार्थी, अधिक बोलनेवाले, विवेकहीन व अव्यावहारिक होते हैं। अपना फायदा जहाँ देखते हैं, वहीं मुँह मारने लगते हैं।

• *वक्र होंठ*

ऐसे होंठवाले व्यक्ति स्वार्थी, झूठे व अपराधी किस्म के होते हैं। दूसरों की बुराई करने में लगे रहना, कब क्या कर जाएँ कहा नहीं जा सकता है। इनमें एक खास बात देखी गई है कि ये अच्छे किस्म के जासूस सिद्ध हो जाते हैं।

• *मुँह के अंदर की ओर धँसे होंठ*

कुछ लोगों के होंठ बाहर की ओर निकले होने की बजाय मुँह के अंदर की

ओर धँसे होते हैं। ऐसे लोग आलसी, कामचोर, अविश्वसनीय और झूठे होते हैं। इनकी बुद्धि तेज होती है, पर बुद्धि का इस्तेमाल गलत जगह पर करते हैं।

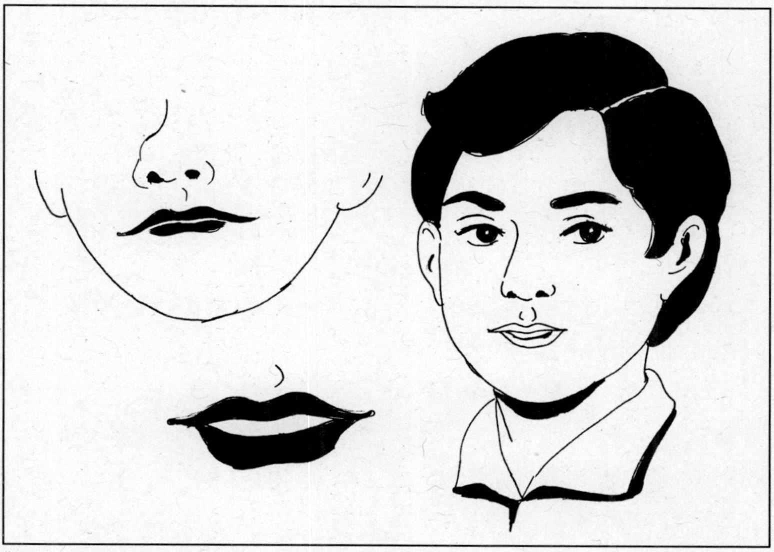

• *अति संकुचित होंठ*

जिनके होंठ काफी छोटे व पतले होते हैं, वे अति संकुचित होंठ कहलाते हैं। ऐसे होंठवाले व्यक्ति घमंडी व दिखावापसंद होते हैं। अपने मुँह मिट्ठू बनना इनकी आदत होती है। ये अपने बारे में किसी प्रकार की कमी सुनना पसंद नहीं करते हैं।

□

मुसकान कराती है पहचान

मुसकान के द्वारा खुशी, अपनापन, लगाव, प्यार आदि जाहिर होता है। कुटिल मुसकान भी होती है, जिससे यह पता चलता है कि व्यक्ति घमंडी किस्म का है। साथ ही वह ईर्ष्या का भाव भी रखता है।

ब्रिटेन की एक रिसर्च टीम ने एक लंबी रिसर्च के बाद मनुष्य के विविध भावों की एक सूची बनाईं। जिसमें चेहरे, मस्तिष्क और शरीर के कुल 135 हाव-भावों को शामिल किया गया। इनमें से सर्वाधिक यानी 80 हाव-भाव चेहरे व मस्तिष्क से संबंधित हैं। इस रिसर्च टीम ने कुछ खास तरह की मुसकान का पता लगाया है। मुसकान द्वारा मनुष्य के अंदर चल रहे भाव को आसानी से पता लगाया जा सकता है।

• *साधारण मुसकान*

साधारण मुसकान को नॉर्मल स्माइल कहा जाता है। इस प्रकार की मुसकान में दाँत दिखाई नहीं देते हैं। चेहरे पर हलकी मुसकान होती है। इस मुसकान को उन लोगों के चेहरे पर देखा जा सकता है, जिन्हें दुनिया की किसी बात से कोई मतलब नहीं होता है। ये बाहरी किन्हीं गतिविधियों में हिस्सा भी नहीं लेते हैं। ये लोग कब किस बात पर मुसकराते हैं पता करना मुश्किल होता है। अधिकतर समय ये केवल अपने लिए ही मुसकराते हैं।

• *मध्यम मुसकान*

मध्यम मुसकान को मीडियम स्माइल कहा जाता है। इस प्रकार की मुसकान में केवल ऊपरी दाँत दिखाई देते हैं। निचला होंठ अपनी जगह स्थिर रहता है। चेहरे पर इस प्रकार की मुसकान तब उभरती है, जब किसी व्यक्ति से आँखों-ही-आँखों में संपर्क हो। अकसर इस मुसकान का प्रयोग मित्रों से मिलने पर या बच्चों द्वारा

अपने अभिभावकों को अभिवादन करने पर ही किया जाता है। बच्चे जब अपने माता-पिता का अभिवादन करते हैं, तब माता-पिता अकसर मध्यम मुसकान तक ही सीमित रहते हैं।

मीडियम मुसकानवाले रिजर्व किस्म के होते हैं। अपने काम-से-काम रखते हैं। अधिक लोगों से मेलजोल नहीं रखते हैं। इनके दोस्त कम होते हैं। जिन्हें दोस्त बना लेते हैं, उन पर जान छिड़कते हैं। कब किस बात पर खुश हो जाएँ, कब नाराज हो जाएँ, यह समझना मुश्किल होता है।

• *विस्तृत मुसकान*

विस्तृत मुसकान को 'ब्रोड स्माइल' कहा जाता है। इसे खुलकर मुसकराना भी कहते हैं। इस प्रकार की मुसकान खेल के समय, हँसी-मजाक के समय व्यक्त होती है। इस मुसकान में आँखों से आँखें मिलें जरूरी नहीं है। विस्तृत मुसकान में दाँतों की दोनों पंक्तियाँ साफ दिखाई देती हैं।

यदि कोई व्यक्ति हँस रहा है तो वह खुश है। ऐसी मुसकान को सदा खुशी के क्षणों के प्रतीक के रूप में देखा जाता है। कभी-कभी यह गलत भी साबित होता है। जोक, चुटकुला या कोई मजेदार घटना सुनकर भी लोगों के चेहरे पर विस्तृत मुसकान देखी जाती है। किसी हास्य या अटपटी घटना को देखकर भी चेहरे पर विस्तृत मुसकान आ सकती है।

• प्यार भरी मुसकान

मधुबाला या माधुरी दीक्षित की तरह मंद मुसकान को प्यार भरी मुसकान कहा जाता है। प्यार भरी नजरों के साथ मंद मुसकान से जब प्रेमिका अपने प्रेमी को देखती है। तब प्रेमी का दिल उसे बाँहों में भर लेने के लिए तड़प उठता है। अपनी प्यार भरी मुसकान से कोई किसी से भी हर तरह के काम करवा लेता है।

• लुभानेवाली मुसकान

दाँतों तले होंठ दबाकर मुसकराना, किसी को लुभानेवाली मुसकान होती है। अकसर युवती किसी युवक को अपनी ओर आकर्षित करने के लिए इस तरह की मुसकान अपने चेहरे पर लाती है। देखा गया है अनेक लड़कियाँ अपनी इस अदा से अच्छे-अच्छे को घायल कर देती हैं। इसे कातिल मुसकान भी कहा जाता है। कभी-कभी पत्नी भी अपने पति को लुभाने के लिए इस तरह की मुसकान का इस्तेमाल करती है।

• संघर्षमय मुसकान

अपने जज्बातों को छिपाते हुए हौसले-हिम्मत के लिए जब थरथराते होंठ एक संघर्षमय मुद्रा के साथ मुसकराते हैं, उसे 'संघर्षमय मुसकान' कहा जाता है। थरथराते होंठ, आँखों से निकलते आँसू और नाक पर लाल होना अंदर की सारी बातों को बयान कर देते हैं। देश के लिए लड़नेवाले सैनिक के चेहरे पर किसी सम्मेलन में सम्मान लेते वक्त ऐसी मुसकान देखी जा सकती है।

• आयताकार मुसकान

इस प्रकार की मुसकान में ऊपर व नीचे के दोनों होंठ एकदम पीछे की ओर चले जाते हैं तथा ये एक आयत का आकार बनाते हैं। इस समय दाँत दिखाई नहीं देते हैं। विशेषज्ञों के अनुसार इस तरह की मुसकान से बचकर रहना चाहिए। यह खतरनाक मुसकान

होती है। ऐसी मुसकान उस शराबी के चेहरे पर दिख सकती है, जो किसी विशेष परिस्थिति में किसी लड़की को अपना शिकार बनाने की फिराक में हो और लड़की उसके सामने असहाय हो।

• *रहस्यमय मुसकान*

रहस्यमय मुसकान को देख यह अंदाजा लगाना मुश्किल होता है कि सामनेवाला किस बात पर मुसकरा रहा है। यह भी मालूम करना मुश्किल होता है कि वह प्रसन्न है या चिंतित अथवा गंभीर। रहस्यमय मुसकानवाले के अंदर कुछ और चल रहा होता है बाहर कुछ और। शह और मात के खेल में लगे यानी किसी को मात देने के प्लानिंग में लगे लोगों के चेहरे पर इस तरह की मुसकान देखी जाती है। चालबाज किस्म के लोग जो चाल चलने में माहिर होते हैं, वे भी ऐसी मुसकान ओढ़े होते हैं। ऐसी मुसकान को 'शकुनी मुसकान' भी कहा जाता है। मोनालिसा की मुसकान को भी रहस्यमय मुसकान माना गया है।

• *हँसी*

मनुष्य के हँसने की क्रिया मुख द्वारा संपन्न होती है। वह अनेक प्रकार की हँसी हँसता है। हँसी के प्रकार को देखकर किसी भी व्यक्ति के व्यक्तित्व की पहचान की जा सकती है।

• *खिलखिलाकर हँसना*

जो व्यक्ति खुलकर हँसता है यानी खिलखिलाकर हँसता है, वह व्यक्ति दयालु, उदार, सरल व स्पष्ट स्वभाव का होता है। ऐसे व्यक्ति हर किसी को एक जैसा समझते हैं। उनमें भेदभाव नहीं करते हैं। किसी भी समस्या से वे नहीं डरते

हैं। मुसीबत और परेशानी में भी हँसते रहते हैं। ऐसे व्यक्ति को दिलदार कहा जाता है।

• *हिनहिनाकर हँसना*

घोड़ों की तरह हिनहिनाकर हँसनेवाले लोग मेहनती, कर्मठ और बड़ी सोचवाले होते हैं। हिनहिनाहट के साथ अपनी पलकों को बंद कर लेनेवाले व्यक्ति धूर्त, चालाक, कपटी व निकम्मे होते हैं। दूसरों का फायदा होते देख वे बिदक जाते हैं। उसे लाभ न हो, इस कोशिश में लग जाते हैं।

• *अट्टहास हँसी*

तेज स्वर में खुलकर हँसनेवाले का स्वभाव स्वाभिमानी, कर्मठ और विश्वासी होता है। ऐसे लोग किसी खास व्यक्तित्व के परिचायक होते हैं। अपनी अलग पहचान बनाने में लगे होते हैं। किसी पर हँसनेवाले या व्यंग्यपूर्ण हँसीवाले लोग घमंडी, धूर्त, स्वार्थी किस्म के होते हैं। ऐसे लोग गिरगिट की तरह होते हैं। ये कब अपना रंग बदल लें कहा नहीं जा सकता। अपने लाभ के लिए कुछ भी करने के लिए तैयार होते हैं।

□

कहती है नाक की बनावट

ऊपर की ओर तनी हुई मुट्ठी आक्रमक की मुद्रा है, यानी व्यक्ति काफी जोश में है या व्यवस्था के खिलाफ वह आक्रोश में है। सामने की ओर तनी हुई मुट्ठी का मतलब है वह आक्रमण की मुद्रा में है, उससे बचना जरूरी है, वरना वह वार कर सकता है।

लंबी, छोटी, सँकरी, प्वाइंटेड, फैली हुई नाक में जितनी विविधता पाई जाती है, उतनी चेहरे के किसी भी अन्य अंगों में नहीं पाई जाती है। इस कारण फेस रीडिंग में नाक का सही अध्ययन बहुत जरूरी हो जाता है।

चीन के लोग मानते हैं कि धन, महत्त्व, बुद्धिमानी, ज्ञान और सेक्स पावर का पैमाना नाक ही है। फेस रीडिंग के समय इसके आकार, रंग और बनावट के साथ

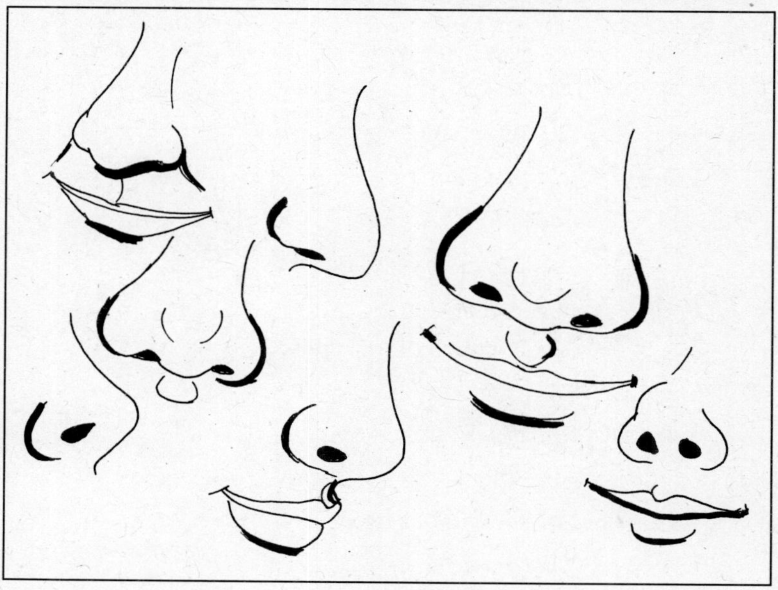

ही नथुनों के आकार पर भी ध्यान देना चाहिए।

• फ्लैट या चपटी नाक

चौड़ी या चपटी नाक वाले लोग कई क्षेत्रों में रुचि रखनेवाले होते हैं, चाहे वह सामाजिक या राजनीतिक क्षेत्र हो या पर्यावरण का क्षेत्र। ऐसे लोग बड़े हँसमुख और सामाजिक होते हैं। इनमें एक बड़ी कमी होती है कि ये अपने फैसले अपने आप नहीं ले पाते हैं। ये लोग किसी से भी बड़ी जल्दी घुलमिल जाते हैं। ये बहुत अच्छे दोस्त या प्रेमी भी साबित होते हैं।

• छोटी और सँकरी नाक

ऐसी नाक वाले लोग अपनी भावनाओं को काबू में रखना अच्छी तरह जानते हैं। हालाँकि ऐसे लोग शर्मीले हो सकते हैं, फिर भी किसी सार्वजनिक अवसर पर तटस्थ बने रहने की क्षमता उनमें खूब होती है। हँसी, मजाक और चुटकुलेबाजी इन्हें पसंद नहीं होती है। ये सच्चाई में ज्यादा विश्वास करते हैं। ऐसे लोग फालतू खर्च नहीं कर सकते और अपने धन का पूरा खयाल रखते हैं।

• बड़ी नाक

चेहरे पर सबसे ज्यादा महत्त्वपूर्ण नाक ही नजर आए तो इन्हें बड़ी नाकवाला कहा जाता है। ऐसे लोग आजीवन भावुकता के उतार-चढ़ाव से गुजरते हैं। ऐसे लोगों में एक ऐसी प्रेरणा शक्ति होती है, जो इन्हें अपने क्षेत्र के प्रतिद्वंद्वियों में सबसे आगे रखती है। बड़ी नाकवाले बुद्धिमान, ईमानदार व कर्मठ होते हैं। अपना काम करने में इन्हें बड़ा मजा आता है।

• सीधी नाक

सीधी नाकवाले व्यक्ति दिखने में आकर्षक और प्रभावशाली होते हैं। ये विश्वसनीय, उत्तम विचारवाले, धैर्यशील और संयमी होते हैं। इनमें से अधिक लोग समाज में अपनी अलग पहचान बनाते हैं। अच्छे वक्ता होते हैं। इनकी अध्यात्म

व धर्म में अधिक रुचि होती है। इसके लिए अपना जीवन न्योछावर कर देते हैं।

• लंबी नाक

जिनकी नाक लंबी होती है। वे कार्यकुशल, आत्मविश्वासी, गंभीर, धर्म-कर्म में विश्वास रखनेवाले होते हैं। इनकी कला में अधिक रुचि होती है। जिसके चलते ये महान् कलाकार बनते हैं। इनका स्वभाव अधिक चुस्त और फुर्तीला होता है। लंबी नाक के साथ नाक पतली हो तो ये चिड़चिड़े और अहंकारी होते हैं। नाक लंबी के साथ यह मोटी हो तो उनका स्वभाव स्वाभिमानी होता है।

• तीखी नाक

ऐसी नाकवाले व्यक्ति चिड़चिड़े, धूर्त, क्रूर व चालाक किस्म के होते हैं। ये जल्दी किसी भी काम से घबरा जाते हैं। इनके पेट में कोई भी बात नहीं पचती, इन्हें अपने आप पर घमंड होता है।

इसके चलते इनकी कम लोगों से बनती है। कोई इनकी तारीफ करता है, उसे अपने सिर पर चढ़ा लेते हैं। जिनकी तीखी नाक के साथ थोड़ी टेढ़ी होती है, उनका स्वभाव विश्वसनीय नहीं होता है। किसी के साथ कभी भी धोखा कर सकते हैं।

• ऊँची नाक

जिनकी नाक अधिक उठी हुई ऊँची होती है, वे घुमंतू, खर्चीले और चंचल प्रवृत्ति के होते हैं। हमेशा यहाँ-वहाँ घूमने में रुचि होने की वजह से इनका सामान्य ज्ञान अच्छा होता है। इनके मित्रों की संख्या ज्यादा होती है, क्योंकि ये जल्दी किसी को भी मित्र बना लेते हैं।

खूब खर्चीले होते हैं। जब मन

में आता है जेब के सारे पैसे खर्च कर डालते हैं। इनका वैवाहिक जीवन अच्छा नहीं होता। पत्नी से इनकी बनती नहीं है। यदि पति-पत्नी दोनों ही ऊँची नाकवाले हों तो तलाक की नौबत तक आ जाती है।

• परिपक्व नाक

जिनकी नाक बड़ी, चौड़ी और आगे से तीखी हो, उन्हें 'परिपक्व नाक' कहा जाता है। इनकी रुचि कला और कलाकार में होती है। इसके लिए ये अच्छे कलाकार होते हैं। ये अति बुद्धिमान, शिष्ट और मिलनसार होते हैं, जिसके कारण इन्हें हर कोई सम्मान देता है। ये अपना जीवन सुख और ऐश्वर्य में जीते हैं।

• अपरिपक्व नाक

छोटी, चपटी, नाममात्र की दिखाई देने वाली नाक अपरिपक्व नाक की श्रेणी में आती है। ऐसी नाकवाले स्वभाव से कंजूस, चिड़चिड़े और श्रम न करनेवाले होते हैं। इनका वैवाहिक जीवन कलहपूर्ण होता है। इनका व्यवहार अच्छा नहीं होता है। लोगों से मेलमिलाप में भी रुचि नहीं रखते हैं।

• अविकसित नाक

छोटी और ऊपर से मुड़ी हुई नाक अविकसित श्रेणी में आती है। ऐसी नाक वालों का बौद्धिक स्तर काफी सामान्य होता है। किसी भी बात को न समझ पाते हैं न ही समझा पाते है। इन्हें पुरानी चीजों से अधिक लगाव होता है। कबाड़ जैसे धंधा करने में इन्हें रुचि होती है। पर ऐसा छोटा-मोटा धंधा करना भी इनके लिए मुश्किल होता है, जिसके चलते हमेशा फेल हो जाते हैं।

• हुकदार नाक

जिनकी नाक हुक की तरह दिखाई दे, वे सुविधासंपन्न और ऐश्वर्यपूर्ण जीवन जीने वाले होते हैं। ये जुबान के पक्के होते हैं, जिसे जो जुबान दे दिया उसे पूरा करके ही दम लेते हैं। हमेशा अपने काम में लगे रहते हैं। अपनी बुद्धि व विवेक से किसी भी हालत में लाभ कमा लेते हैं। भौतिक सुखों और भोगों को भोगने में इनकी अधिक रुचि होती है।

• *तंग नाक*

ऊपर से नीचे की ओर तंग होती चली जानेवाली नाकवाले व्यक्ति स्वार्थी किस्म के होते हैं। अपना स्वार्थ पूरा करने के लिए हमेशा लगे रहते हैं। किसी भी काम में पहले अपना लाभ देखते हैं। लाभ न दिखाई देने पर वे उस पर हाथ नहीं लगाते हैं। मौका पड़ने पर ये किसी को भी ठग सकते हैं। अपना स्वार्थ पूरा करने के लिए अपनों को भी नहीं छोड़ते हैं।

• *मध्यम ऊँची नाक*

ऊपर उठी हुई नाकवाले व्यक्ति चालाक व स्वार्थी किस्म के होते हैं। अपना स्वार्थ निकालने के लिए किसी से भी छल कर सकते हैं। इनमें स्त्रियोचित गुण भी देखने को मिलते हैं। ऐसे पुरुष बाहर से पुरुष होते हैं, अंदर से स्त्री होते हैं।

• *टेढ़ी नाक*

जिनकी नाक टेढ़ी होती है वे विश्वसनीय नहीं होते हैं। चोरी, उठाईगिरी, चम्मचागिरी जैसे काम में लगे रहते हैं। टेढ़ी नाकवाले बिना किसी मेहनत के अधिक-से-अधिक पाने की सोचते हैं। धन कमाने के लिए सूटबूट में रहकर या कंपनी बनाकर भी धोखा दे सकते हैं।

• *फैली नाक*

फैली नाकवाले व्यक्ति लालची, स्वार्थी व मतलबी होते हैं। ऐसे लोग अपना काम निकालने के लिए किसी भी हद तक गिर सकते हैं। इतने मतलबी होते हैं कि जब तक काम होता है सलाम ठोकते हैं। अपना मकसद पूरा होते ही गधे के सींग की तरह गायब हो जाते हैं।

• *फूली नाक*

फूली हुई नाकवाले व्यक्ति प्रायः शराब या नशा करनेवाले होते हैं। नशे में

कब क्या कर जाएँ कुछ नहीं कह सकते हैं। इनमें क्रोध भी अधिक होता है। दूसरों की न सुननेवाले और अपनी बात मनवानेवाले होते हैं। क्रोध के अलावा इनमें घमंड व वासना भी होती है।

• सूखी नाक

ऐसी नाकवाले शांत स्वभाव के होते हैं। ये हमेशा अपने काम-से-काम रखते हैं। दूसरों की मदद करनेवाले होते हैं, जो इनके पास मदद के लिए जाता है वह निराश होकर नहीं लौटता है।

• दबी नाक

चेहरे पर छोटी सी नाक दिखाई देती है। दिखने में ऐसी लगती है जैसे किसी चीज से दबा दी गई हो। ऐसी नाकवाले की बुद्धि कम होती है। इसके चलते ये कुछ नहीं कर पाते हैं। किसी की मीठी-मीठी बातों में जल्दी आ जाते हैं और उन्हें ही अपना सबसे हितैषी समझ लेते हैं। इसकी वजह से अकसर ठगे जाते हैं।

• तोते जैसी नाक

तोते जैसी नाक होने का मतलब है सुंदर नाक। इस तरह के नाकवाला व्यक्ति का झुकाव कला और कलाकार पर होता है। ऐसी नाकवाले अधिकतर व्यक्ति उच्च पद पर आसीन होते हैं। इनके पास धन-संपत्ति की कमी नहीं होती। ये मौका परस्त भी होते हैं। अपना काम निकल जाने पर पहचानते भी नहीं हैं।

• शूकर जैसी नाक

जिनकी नाक शूकर जैसी होती है, वे स्वभाव से आलसी, झूठ बोलनेवाले व दूसरों की निंदा करनेवाले होते हैं। ऐसी नाकवाले प्राय: छोटे-मोटे कार्यों को करना पसंद करते हैं। छोटे काम करने में इन्हें अधिक आनंद आता है।

• बाज जैसी नाक

ऐसी नाकवाले प्राय: क्रोधी, क्रूर, निर्दयी, धोखेबाज व स्वार्थी किस्म के होते हैं। इनकी बुद्धि जल्दी काम नहीं करती है। छोटे कामों पर अधिक ध्यान देते हैं। अपने अवगुण पर ध्यान दिए बिना ये दूसरों को समझाने लगते हैं। खुद का जीवन

अस्त-व्यस्त होता है, पर दूसरों को सुंदर व व्यवस्थित जीवन जीने की सीख देते रहते हैं।

• *पकौड़ा जैसी नाक*

ऐसी नाकवाले खाने-पीने के शौकीन होते हैं। खाना कैसा भी हो शौक से खाते हैं। इन्हें अपनी तारीफ सुनने का शौक होता है। इसके लिए छोटे तबकों के लोगों से दोस्ती बनाए रखते हैं। जिससे वे लोग हमेशा उनकी तारीफ में लगे रहें। इसलिए वे अपने दोस्तों को पैसे या अन्य तरह से मदद करते रहते हैं। अपने द्वारा किए जानेवाले मदद की वजह से वे उन लोगों में काफी लोकप्रिय होते हैं। इस लोकप्रियता का लाभ चुनाव लड़ने पर मिल जाता है।

• *भद्दी नाक*

नाक की बनावट टेढ़ी-मेढ़ी होने की वजह से चेहरे पर भद्दी दिखती है। इसलिए इन्हें भद्दी नाक कहा जाता है। भद्दी नाकवाले लोग घूमने-फिरने, फिल्म देखने, मौज-मस्ती में माहिर होते हैं। इन्हें बहस करने और किसी को परेशान करने में बड़ा मजा आता है। बिना वजह किसी से तर्क या बहस करना इनकी आदत होती है।

□

कान द्वारा परखें

सबकुछ गँवा देने के बाद लोग हाथ मलते हैं। ठंड के दिनों में सरदी से बचने के लिए लोग अपने दोनों हाथ तेजी से मलते हैं। प्रेमी का इंतजार करती हुई प्रेमिका प्रेमी के आने में देर होने पर अपने दोनों हाथों को रगड़ने लगती है और तेजी से चहलकदमी करने लगती है।

मनुष्य किसी भी आवाज को कान के द्वारा सुनता है। मुँह और सिर के बीच कनपटियों के पास कान स्थित होता है। यह देखने में शरीर के बाहर निकला हुआ नजर आता है, पर इसका मनुष्य के जीवन में महत्त्वपूर्ण स्थान होता है। कानों का आकार-प्रकार विभिन्नताएँ लिये होता है। जिसके द्वारा व्यक्ति को आसानी से परखा जा सकता है।

• ऊपर की ओर उठे हुए कान

जिनके कान की स्थिति मस्तिष्क की ओर उठी हुई होती है, ऐसे लोग बेहद शर्मीले तथा शक्की होते हैं। कभी भी किसी भी बात पर शक करने लगते हैं। इसके चलते उनका जीवन अस्त-व्यस्त रहता है।

• छोटे कान

छोटे कानवालों में आत्मविश्वास और संयम की कमी होती है। दब्बू, कायर, डरपोक, स्वभाव के होते हैं। किसी काम को शुरू करने के पहले ढेर सारी आशंकाओं से घिर जाते हैं। काम को शुरू करने के पहले ही बंद कर देते हैं। इनका पारिवारिक जीवन अच्छा नहीं होता है। इनके डरपोक व दब्बू स्वभाव की वजह से पत्नी इनसे दूर भागती है। ये मेहनत तो करते हैं पर आगे बढ़ने की इनमें हिम्मत नहीं होती है।

• बड़े कान

चेहरे के अनुसार जिनके कान अधिक बड़े होते हैं, उनका स्वभाव चिड़चिड़ा, आलसी, ईर्ष्यालु होता है। हर किसी से झगड़ा करना और अपनी बात मनवाकर रहना इनकी आदत होती है। जिनके बड़े कान के साथ-साथ कान चौड़े भी होते हैं। वे बुद्धिमान, ज्ञानी और गंभीर होते हैं। वे किसी भी कार्य में सफल होते हैं।

• सामान्य आकार के कान

सामान्य आकार के कानवाले व्यक्ति अनेक गुणों से संपन्न होते हैं। प्रत्येक कार्य को भली-भाँति सोच-समझकर करते हैं। किसी भी कार्य में जल्दी दक्ष हो जाते हैं।

• नीचे लटके हुए कान

जिनके कान लटके हुए होते हैं, वे अनेक अनियमितताओं से घिरे होते हैं। समय के पाबंद न होने की वजह से किसी काम को समय से पूरा करके नहीं दे पाते हैं। असफलता तो मानो इनके साथ-साथ चलती है। बार-बार असफलता के चलते इन्हें मानसिक परेशानी उत्पन्न हो जाती है।

• समानुपातिक कान

ऐसे कानवालों का जीवन बड़ा ही संघर्षशील होता है। मेहनत तो खूब करते है, पर किसी काम में सफल नहीं हो पाते हैं। इनका स्वभाव बातूनी होता है, जिसके चलते अपनी सारी बातें दूसरों को सुना देते हैं।

• गोल कान

जिनके कान गोल होते हैं वे जीवन में बड़े ही नियम से चलनेवाले होते हैं। अनुशासन में रहते हैं और नियमबद्ध तरीके से काम करते हैं। ये परोपकारी, धनवान, मिलनसार व भाग्यशाली होते हैं।

• वर्गाकार कान

इस तरह के कानवाले बड़े ही चालाक किस्म के होते हैं। अपनी चालाकी और चतुराई के बल पर हमेशा अपना संसाधन जुटा लेते हैं तथा उसका भोग करते हैं।

• चिपके कान

जिनके कान चिपके होते हैं वे बुद्धिमान, मेहनती और अच्छे कलाकार होते हैं। ऐश्वर्यपूर्ण जीवन से ओत-प्रोत रहनेवाले शानदार जीवन जीना पसंद करते हैं। स्वभाव से चतुर, कुशल और धनवान होते हैं। अपने परिवार के सदस्यों को काफी प्यार करते हैं। इनका दांपत्य जीवन काफी सुखी होता है।

• चपटे कान

चपटे कानवाले व्यक्ति दूरदर्शी और सोच-विचार कर काम करनेवाले होते हैं। अपनी मेहनत के बल पर हर चीज को हासिल करने की कोशिश में लगे रहते हैं। इनका पारिवारिक जीवन काफी सुखद होता है।

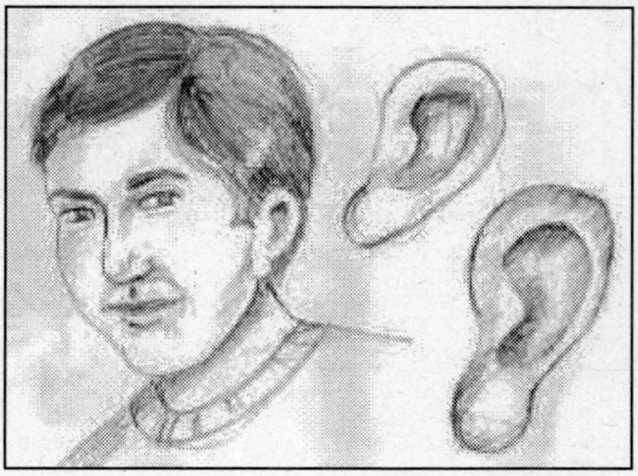

• तीखी बनावटवाले कान

इस तरह के कानवाले स्वभाव से जिद्दी, धूर्त और चतुर

होते हैं। इनमें प्रबल दृढ़निश्चयता की प्रवृत्ति होती है। जो मन में ठान लेते हैं उसे हासिल करके ही रहते हैं।

• बंदर जैसी बनावटवाले कान

इस प्रकार के कानवाले व्यक्ति लालच, गुस्सा और मोह आदि से पूरी तरह लिप्त होते हैं। इनका जीवन अनियमितताओं से भरा होता है। जिनके चलते इन्हें दांपत्य सुख भली प्रकार से नहीं मिल पाता है।

• सीप जैसी बनावटवाले कान

सीप जैसे कान का होना कामदेव का प्रतीक है। ऐसे पुरुषों में कामवासना अधिक होती है। ऐसे पुरुष का अपनी पत्नी से काफी लगाव होता है। ऐसे पुरुष भले स्वभाव के होते हैं, पर किस समय उनका मूड बदल जाए कहा नहीं जा सकता।

• चूहे जैसी बनावटवाले कान

चूहे जैसे छोटे-छोटे कानवाले व्यक्ति का स्वभाव शील, सभ्य और परोपकारी होता है। इनका पारिवारिक जीवन ऊपर-नीचे वाला होता है। यह चढ़ता-उतरता है।

□

बालों द्वारा पहचानें

आजकल खास मकसद के लिए बॉडी लैंग्वेज सीखी जाती है। सौंदर्य प्रतियोगिता में हिस्सा लेनेवाली सुंदरियाँ गरमजोश, उत्साह, कुशलता व खूबसूरती को अच्छे तरीके से पेश करने के लिए बॉडी लैंग्वेज को सीखती हैं।

बालों को सिर का ताज कहा जाता है। विभिन्न प्रकार के बाल होते हैं। बालों के भिन्नताओं के आधार पर इनसान के गुण-अवगुणों को पहचाना जाता है। बालों द्वारा किसी को पहचानने के लिए बालों की विशेषता पर बारीकी से ध्यान देने की आवश्यकता होती है। इसके चूक होने पर पहचान भी गलत हो सकती है।

• *मुलायम बाल*

जिनके बाल मुलायम व सुंदर होते हैं वे सरल, कोमल, शांत स्वभाव के होते हैं। दूसरों की मदद करना इनकी आदत होती है। दूसरों को दुःखी देखकर इनको भी दुःख होने लगता है।

• *चमकदार बाल*

चमकदार व सुंदर बालोंवाले परोपकारी, सहृदय, संयमी, आकर्षक, स्वस्थ, अनेक गुणों से युक्त होते हैं। मेहनत करके हर चीज को पाने की कोशिश में लगे रहते हैं। व्यवहार कुशल और कलाप्रेमी होते हैं। इन्हें खुद भी किसी-न-किसी कला में रुचि होती है।

• *पतले बाल*

पतले बालवाले सरल, खुशमिजाज व सुंदर विचारोंवाले होते हैं। व्यवहार कुशल, संयमी और संस्कारवान होते हैं। क्रिएटिव काम में रुचि रखते हैं। अपने

सुंदर स्वभाव की वजह से लोगों में लोकप्रिय होते हैं। पर इन्हें अपनी लोकप्रियता का कोई लाभ अंत तक नहीं मिल पाता है।

• घुँघराले बाल

घुँघराले बालवाले आकर्षक व्यक्तित्व के स्वामी होते हैं। इन्हें घर की बजाय बाहर रहना अधिक पसंद आता है। घुमक्कड़ स्वभाव के होते हैं। जिनके बाल घुँघराले होने के साथ-साथ कड़े होते हैं वे चिड़चिड़े व अव्यवहारकुशल होते हैं। किसी का कहना न मानना, अपनी मनमानी करना, दूसरों पर रोब डालना इनका स्वभाव होता है।

• रूखे बाल

जिनके बाल रूखे और कड़े होते हैं वे प्राय: कठोर स्वभाववाले, क्रोधी, जिद्दी तथा उत्तेजित होते हैं। रूखे और कड़े बालवाले इच्छा शक्तिवाले, बलवान और

क्रोधी होते हैं। रूखे बालों के साथ यदि बाल काले व सफेद भी हैं तो व्यक्ति अहंकारी, हठी, अधीर, कम स्मरणशक्तिवाला और वासनामय जीवन जीनेवाला होता है।

• मोटे बाल

मोटे बालोंवाले व्यक्ति स्वार्थी, क्रूर, घमंडी होते हैं। ऐसे लोग अपने काम को दूसरों से करवाने में माहिर होते हैं। किसी से भी झगड़ा करना तथा दूसरों पर रोब झाड़नेवाले होते हैं।

• काले बाल

जिनके बाल काले, चमक़दार, आकर्षक होते हैं, वे विश्वसनीय, स्नेहशील, परोपकारी, ईमानदार, वफादार होते हैं। काले बाल यदि अधिक मोटाईवाले हैं तो वे शक्तिशाली और दृढ़ इच्छाशक्ति रखनेवाले होते हैं। यदि बाल अधिक चमकदार हैं तो यह व्यक्ति के उग्र स्वभाव को दरशाता है।

• सुनहरे बाल

सुनहरे यानी गोल्डन कलर के बाल काफी कम लोगों में दिखाई देते हैं। ऐसे बालोंवाले कुटिल, आडंबरकारी और रोमांटिक प्रवृत्ति के होते हैं। दिखने में स्मार्ट होने के बाद भी किसी भी तरह की लड़कियों को लाइन मारने से बाज नहीं आते हैं। पर इन्हें इसमें सफलता नहीं मिलती है।

• हलके बाल

जिनके बाल हलके काले रंग के होते हैं, वे बहुमुखी प्रतिभासंपन्न, गहरी सूझबूझवाले व मिलनसार होते हैं। ऐसे व्यक्ति प्रत्येक काम को सोच-समझकर करते हैं। पर इनमें एकाग्रता व धैर्य की कमी होती है।

• भूरे बाल

भूरे बालवाले व्यक्ति उदार एवं स्नेहदिल चरित्र के होते हैं। वे सच्चे प्रेमी, सच्चे मित्र और सच्चे हितैषी होते हैं। इनमें परिस्थिति अनुसार स्वयं को ढाल लेने की क्षमता होती है। कला में इनकी रुचि होती है। स्वयं भी अच्छे कलाकार होते हैं।

• *लाल बाल*

लाल बालवाले लोगों को क्रोध जल्दी आता है। जल्दी उतर भी जाता है। इनमें शीघ्र उदासी भी छा जाती है। जल्दी खुश भी हो जाते हैं। जल्दी निराश भी हो जाते हैं। इनमें निर्णय लेने की क्षमता कम होती है। अपने मिलनसार व्यवहार की वजह से इनके अधिक दोस्त होते हैं।

• *छोटे बाल*

जो लोग अपने बालों को छोटे-छोटे करवाकर रखते हैं, वे बातों-बातों पर मीन-मेख निकालनेवाले होते हैं। ये तानाशाही प्रवृत्ति के होते हैं। इन्हें संगीत, गायन, कला आदि से कोई लगाव नहीं होता है। जो इन सब कला के बारे में चर्चा करता है उनसे बहस करने लगते हैं।

• *लंबे बाल*

जिनके बाल अधिक लंबे, चमकदार व मुलायम होते हैं, वे अधिक संवेदनशील, कला व शिक्षाप्रेमी होते हैं। स्वयं भी किसी-न-किसी कला से जुड़े होते हैं। वे हमेशा कलाकारों का सम्मान करते हैं।

• *सिर पर चिपके बाल*

जो लोग अपने बालों को तेल, लोशन या क्रीम द्वारा सिर से चिपकाकर रखते हैं, अव्यावहारिक, अदूरदर्शी व अविश्वासी होते हैं। इनमें किसी बात को सोचने-समझने की शक्ति नहीं होती है। जो जिधर ले जाता है उस ओर हो जाते हैं। किसी पर भी थोड़े समय में विश्वास कर अपने बारे में सबकुछ बता देते हैं। जिसके चलते अकसर धोखा खा जाते हैं।

• *खिचड़ी बाल*

गुच्छेदार खिचड़ी बालोंवाले लोग आरामतलब, आलसी और गप्पबाज होते

हैं। अपना अधिकतर समय बेकार के कामों में खत्म कर देते हैं। ऐसी स्त्रियाँ गप्पबाजी में अपना सारा समय नष्ट कर देने के बाद अपना सारा काम जैसे-तैसे निपटा देती हैं। इनमें बुद्धि की कमी होती है। उचित मार्ग-निर्देश मिलने पर ये अपने स्वभाव में बदलाव भी ले आती हैं।

• *बीच से माँग*

जो माँग को बीच से निकालते हैं, वे स्वभाव से साहसी, स्पष्टवादी होते हैं। इनकी सोच प्रगतिवादी व नवीनतावादी होती है। दाईं से बाईं ओर बालों की माँग निकालनेवाले विश्वसनीय, दयालु व स्नेही होते हैं। ये कभी किसी को दु:खी नहीं देखना चाहते हैं।

• *पीछे की ओर काढ़े गए बाल*

ऐसे लोग पुस्तकें पढ़ना, नाटक लिखना, एक्टिंग करना आदि कला के शौकीन होते हैं। इन्हें अपने विचारों में डूबे रहना पसंद होता है। ये खमखयाली स्वभाव के होते हैं। इसलिए अधिक लोगों से मिलना-जुलना इन्हें पसंद नहीं होता है।

• *जूड़ा*

बालों को समेटकर पीछे की ओर जूड़ा बाँधनेवाली स्त्रियाँ समय की पाबंद,

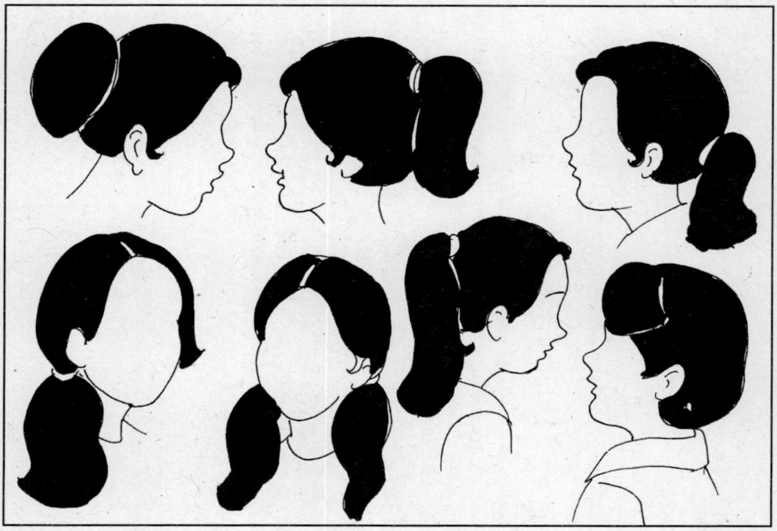

कार्यकुशल और नियमों का पालन करनेवाली होती हैं। वे चाहती हैं उनके संपर्क में जो भी आए वह भी उसके नियमों का अनुसरण करें। इसके विरुद्ध काम करने पर उन्हें गुस्सा आ जाता है।

जो अपने जूड़े को कसकर बाँधती हैं, वे कठोर हृदय व स्वार्थी किस्म की होती हैं। जूड़े में फूलों की वेणी लगानेवाली रोमांटिक, संवेदनशील व भावुक होती हैं। किसी पर भी जल्दी विश्वास कर लेती हैं। अपने इस स्वभाव के कारण ठगी भी जाती हैं।

• पुरुषों की तरह बाल रखना

जो स्त्रियाँ मर्दों की तरह बाल कटवाती हैं, उनके अंदर पुरुषों की प्रवृत्ति व गुण होते हैं। उनके मन में काश! मैं पुरुष होती जैसी बातें होती हैं। जिसे पूरा करने के लिए पुरुषों जैसे बाल कटवाती हैं तथा उनके जैसे ड्रेस पहनना पसंद करती हैं। ऐसी स्त्रियाँ पुरुषों के सामने इस बात को सिद्ध करने की कोशिश करती हैं कि वे किसी भी मायने में पुरुषों से कम नहीं हैं।

ये अपने पति और बच्चों पर पुरुषों की तरह शासन करती हैं। अपनी बात मनवाने के लिए कठोर या कोमल व्यवहार करती हैं। स्त्रियों की तरह रोना, सुबकना, नखरे दिखाना, शर्मोहया में रहना इन्हें बिलकुल भी नहीं पसंद होता है। पुरुषों के साथ घुल-मिलकर काम करना इन्हें पसंद आता है।

• सामने की ओर बाल

जो स्त्री अपने बालों को सामने की ओर लट के समान रखती है। उस स्त्री का स्वभाव शांत, सरल व मृदुभाषी होता है। वह बुद्धिमान व विचारवान होती है। दोनों ओर लट निकालनेवाली अपनी प्रशंसा सुनना पसंद करती है। अधिक बातूनी व मिलनसार होती है। परंतु कभी-कभी चुभनेवाली बात कह देती है।

• मूँछें

मूँछें पुरुषों की शान कही जाती हैं। मूँछों के द्वारा भी पुरुषों के व्यक्तित्व को आसानी से पहचाना जाता है। हिटलर की तरह मूँछें कठोर हृदय को दरशाती हैं।

• छोटी मूँछें

छोटी मूँछोंवाले एकाकी पसंद होते हैं। छोटी, घनी, टूथब्रश के समान मूँछों

वाले सेवक की तरह काम करना पसंद करते हैं। छोटी व हलकी मूछोंवाले दिखावा पसंद होते हैं। ये अकसर जानबूझकर दिखावा करते हैं, जिससे लोग उनकी ओर आकर्षित हों। अपने लोगों से प्रशंसा सुनना पसंद करते हैं। ऐसे लोग बातूनी भी बहुत होते हैं। उनकी बेसिर पैर की बातों से लोग उनसे कतराने लगते हैं।

छोटी व पतली मूँछोंवाले राजनीतिक व सामाजिक कार्य करना पसंद करते हैं। छोटी व चिपकी हुई जैसी मूँछोंवालों के अंदर कुछ और होता है बाहर कुछ और होता है। हलकी नाम मात्र की मूँछोंवालों में स्त्रियों के गुण होते हैं। इन्हें सजना, सँवरना व स्त्रियों की तरह दिखना अच्छा लगता है। अपने इस शौक को पूरा करने के लिए अपनी मूँछों को सफाचट कर देते हैं, जिससे वे स्त्रियों की तरह दिखें।

• *लंबी व उभरी हुई मूँछें*

जो लोग लंबी व उभरी हुई मूँछें रखते हैं, उनका स्वभाव मिलनसार होता है। जो अपनी मूँछों को अपनी उँगलियों द्वारा बार-बार ऐंठते रहते हैं, वे घमंडी किस्म

के होते हैं। दूसरों पर रोब जमाने में इन्हें बहुत मजा आता है। लंबी घनी मूँछोंवाले हँसमुख व विनोदप्रिय होते हैं। काफी लंबी लटकनेवाली मूँछें रखनेवाले दिखावा पसंद होते हैं। साथ ही वे कुछ अलग करना पसंद

करते हैं। बड़ी मूँछों पर तरह-तरह की स्टाइल करनेवाले कलाप्रेमी होते हैं।

• पतली मूँछें

पेंसिल की तरह पतली मूँछें रखनेवाले दृढ़निश्चयी होते हैं। जो मन में ठान लेते हैं, उसे पूरा करके ही रहते हैं। धार की तरह पतली मूँछें रखनेवालों में आत्मविश्वास की कमी रहती है। वे किसी भी कार्य को शुरू करने के पहले डर के मारे शुरू नहीं करते हैं। शुरू करने के बाद काम अच्छा चलने के बावजूद डरे-सहमे रहते हैं, कहीं उनका कारोबार ठप्प न हो जाए।

• झुकी हुई मूँछें

जिन लोगों की मूँछें अधर के अंतिम सिरे पर झुकी हुई होती हैं, वे शंकालु किस्म के होते हैं। किसी भी काम को करने के पहले सौ बार सोचते हैं। अपने अंदर निगेटिव बातें अधिक रखते हैं। जिसकी वजह से अपनी प्रतिभा का उपयोग नहीं कर पाते हैं।

जिनकी मूँछें नीचे की ओर मुड़ी हुई होती हैं, आलसी, डरपोक और एकांतप्रिय होते हैं। उन्हें किसी से मिलने या बात करने में डर लगता है। अपने अंदर के डर को छिपाने के लिए लोगों से मिलने में कतराते हैं। जिनकी मूँछों पर गिने-चुने बाल होते हैं, उनका स्वभाव क्रूर, निर्दयी व कर्कश होता है। ऐसे लोग अपना लाभ लेने के लिए कुछ भी कर सकते हैं।

• दाढ़ी

सुंदर घनी दाढ़ीवाले खुशमिजाज, मिलनसार व बुद्धिमान होते हैं। जिनकी दाढ़ी इसके विपरीत होती है, उनका स्वभाव भी विपरीत होता है। पतली मुलायम दाढ़ीवाले कोमल हृदय, सरल, शांत, व्यवहार कुशल होते हैं। जिनकी पतली व कम दाढ़ी होती है, उनमें नारीत्व गुणों का समावेश होता है। उनका शरीर भी

काफी नाजुक होता है।

दाढ़ी को हमेशा सेट करके रखने वाले नियम पाबंद होते हैं। चेहरे पर तरह-तरह के डिजाइन बनानेवाले कलाप्रेमी होते हैं। पर वे आलसी व दिखावा पसंद भी होते हैं। लंबी दाढ़ी रखनेवाले शांत व बुद्धिमान होते हैं। दाढ़ी को बार-बार हाथों से फेरनेवाले लापरवाह व क्रोधी स्वभाव के होते हैं।

दाढ़ी को रबड़बैंड से बाँधकर रखनेवाले आवारा किस्म के होते हैं। उन्हें न अपनी फिक्र होती है न दूसरों की। दाढ़ी फैलाकर रखनेवाले विलासी किस्म के होते हैं। दाढ़ी को कई रंगों से रँगनेवाले अस्थिर दिमाग के होते हैं। सन जैसी दाढ़ीवाले बुद्धिमान व संतुलित स्वभाव के होते हैं।

□

चाल बताए हाल

हाथ मिलाते वक्त जो सामनेवाले की हथेली को नीचे की ओर कर देते हैं वे सामनेवाले पर हावी होने की कोशिश में हैं। वे उसे अपने नियंत्रण में लेने के प्रयास में हैं। वे सामनेवाले की हथेली नीचे करके यह दरशाना चाहते हैं कि तुम फर्श की ओर रहो।

हर किसी की एक विशेष चाल होती है। लोग भले ही अपनी चाल को समझ नहीं पाते हैं। पर दूसरे लोग किसी की चाल को देखकर उसके स्वभाव, हाल व व्यक्तित्व को पहचान सकते हैं। दूर से आते हुए स्त्री या पुरुष को उसकी चाल से पहचाना जा सकता है, क्योंकि स्त्री व पुरुष दोनों की चाल में अंतर होता है।

यदि कोई खुश है तो उसकी चाल में गजब की स्फूर्ति दिखाई देगी। वह तेज चलता है और कदमों को बड़ी फुरती से उठाता है। जब रूठा हुआ या नाराज होता है तो उसकी चाल बदल जाती है। वह ऐसे चलेगा मानो उसके सिर पर बहुत भारी बोझ रखा है। उसके कंधे झुके होंगे। अपने पैरों को ऐसे उठाएगा मानो उसके जूते लोहे के बने हों।

तेजी से चलते समय अपने दोनों हाथ हवा में हिलाते हैं, वे आमतौर पर लक्ष्य प्राप्त करने की

प्रवृत्तिवाले होते हैं, और अपने उद्देश्यों की पूर्ति में जी-जान से प्रयासरत रहते हैं। जो लोग गरमी के मौसम में भी चलते समय अपने दोनों हाथों को जेब में डालकर चलते हैं वे गंभीर और अपने रहस्य किसी को न बतानेवाले होते हैं। इस प्रकार के लोग किसी को नीचा दिखाने में दिलचस्पी लेते हैं।

जल्दी-जल्दी लापरवाह से बेढंगी चाल चलनेवाले फुहड़ और गँवार किस्म के लोग होते हैं। सैंडिल या जूते को खटखट आवाज करते हुए चलना, इधर-उधर पैर पटककर चलना असभ्यता का प्रतीक है। रास्ते चलते चप्पलों से धूल उड़ाते हुए चलना अशिक्षित व गँवार लोगों की पहचान है।

हाथों की मुट्ठियाँ बाँधकर हाथों को आगे-पीछे करते हुए चलनेवाले स्वार्थी व मतलबी किस्म के होते हैं। रास्ते पर हँस-हँसकर या जोर-जोर से बात करनेवाले मतलबी और दिखावापसंद होते हैं। दूसरों को अपनी ओर आकर्षित करने के लिए ऐसा करते हैं। ऐसे लोग हमेशा अपना फायदा देखनेवाले होते हैं। इन्हें दूसरों के फायदे-नुकसान से कोई मतलब नहीं होता है।

चलते समय जोर-जोर से हाथ-पैर फेंकते हुए चलनेवाले आवारा किस्म के लोग होते हैं। इन्हें किसी बात की शर्म नहीं होती है। किसी से भी कुछ भी कह सकते हैं। किसी बात पर लड़ जाएँगे। यह उन्हें भी पता नहीं होता है कि वे क्या कर रहे हैं। ऐसे लोग रास्ता चलते किसी से भी बेमतलब लड़ जाते हैं।

शांत, सरल, मोहक ढंग से चलनेवाली युवती का स्वभाव भी सरल, शांत व मोहक होता है। ऐसी युवती अपने काम-से-काम रखती है। मॉडलों की तरह कैटवाक करते हुए चलने वाली युवतियाँ महत्त्वाकांक्षी होती हैं। अपनी चाल के द्वारा हर किसी को अपनी ओर आकर्षित कर लेती हैं। अपने फायदे के लिए कुछ भी करने के लिए तैयार रहती हैं।

कभी तेज तो कभी धीमी चाल चलनेवालों का दिमाग स्थिर नहीं होता है।

जिनके कदमों का अंतर एक जैसा नहीं होता है, ऐसे लोग मानसिक रोगी हो सकते हैं।

किसी भी तरह का नशा करनेवालों की चाल में लड़खड़ाहट होती है। कुछ लोग ऐसे भी होते हैं, जो बिना नशा किए लड़खड़ाकर चलते हैं। ऐसे लोग कुटिल व चालाक किस्म के होते हैं। इन्हें शकुनी चाल भी कहा जाता है। ये हर विषय में अच्छे जानकार होते हैं। पर अपना दिमाग बुरे काम में लगाना पसंद करते हैं। जो असंतुलित चाल चलते हैं, उनमें आत्मविश्वास की कमी होती है। किसी को मोहरा बनाकर अपना काम पूरा करने में चूकते नहीं हैं।

नपे-तुले कदमों से धीमी गति से चलनेवाले बुद्धिमान व तेज दिमाग के होते हैं। जो हमेशा असफल होते हैं। उनकी चाल धीमी होती है। वे किधर जा रहे हैं, उन्हें नहीं पता होता है। चलते वक्त जो रास्ते में पड़े पत्थर पर किक मार देते हैं। उनके मन में किसी बात को लेकर आक्रोश होता है। जो अपना आक्रोश पत्थरों पर ठोकर मारकर उतारते हैं।

जो लोग अधिक स्थान लेकर चलते हैं, वे हठी व जिद्दी स्वभाव के होते हैं। ऐसे लोग चलते वक्त अपने हाथ-पैर दाएँ-बाएँ, आगे-पीछे लहराते हुए चलते हैं। इनके पास से कौन निकल रहा है, इन्हें इसकी फिक्र नहीं होती। निकलनेवाले को खुद बचकर निकलना पड़ता है, ऐसे लोग घमंडी किस्म के होते हैं। ये लोग दूसरों को अपने से नीचा समझते हैं।

जिनकी चाल टेढ़ी-मेढ़ी होती है, वे लोग विश्वासी नहीं होते हैं। ऐसी चाल चलनेवाले धोखेबाज व बेईमान भी होते हैं। यदि उनकी गरदन आगे की ओर झुकी हुई हो तो वे काफी शातिर किस्म के होते हैं। ऐसे लोग कब धोखा दें जाएँ कहना मुश्किल है।

जो लोग फुर्तीली चाल से बिना हाथ हिलाए तेजी से आगे बढ़ते हैं, वे प्रोफेशनल किस्म के होते हैं। अपने काम से काम रखते हैं। जो अपने पैरों को दूर-दूर फैलाकर चलते हैं, डरपोक किस्म के होते हैं। ऐसे लोगों को यदि बिना वजह जोर से डाँट दिया जाए, डर के मारे इनकी सिट्टी-पिट्टी गुम हो जाती है।

जो लोग कछुए की चाल चलनेवाले होते हैं। वे आलसी, कंजूस और अविश्वासी होते हैं। ऐसे लोग हमेशा चाहते हैं कि बिना कुछ किए उन्हें सबकुछ मिल जाए। कंधे को एक ओर झुकाकर चलनेवाले मौकापरस्त और स्वार्थी किस्म के होते हैं। दूसरों को आपस में लड़वाने में इन्हें बड़ा मजा आता है।

जिनकी चाल में जरा भी आवाज नहीं होती है, वे बुद्धिमान, ज्ञानी, मिलनसार होते हैं। उन्हें हर तरह के विषय में जानकारी होती है। इनका स्वभाव काफी सरल और शालीन होता है। जिनकी चाल मोरनी या हिरनी जैसी होती है, वे बड़े संयमी और व्यवस्थित होते हैं। अपना काम बहुत ही समझदारी से पूरा करते हैं। उन्हें दूसरों के भरोसे काम करना पसंद नहीं होता है।

हाथी की तरह मस्तानी चाल चलनेवाले गंभीर, बुद्धिमान व दूरदृष्टिवाले होते हैं। स्वभाव से काफी सरल होते हैं। परंतु इन पर कोई उँगली उठाए तो ये उन्हें छोड़ते भी नहीं हैं। बिल्ली की तरह चलनेवाले संतुलित, शांत व मिलनसार किस्म के होते हैं। शेर की तरह चाल चलनेवाले स्वाभिमानी होते हैं। वे हमेशा अपने लक्ष्य को लेकर चलते हैं।

कोई व्यक्ति अपने मुँह और गरदन को कोट के भीतर धँसाते हुए, दोनों हाथों को कोट की जेब में डालकर थोड़ा आगे की ओर झुककर चलता है। कभी-कभार सिर उठाकर देख लेता है। अपनी आँखों को जमीन पर गड़ा देता है। देखने वालों को यह लगता है कि उसका कुछ खो गया है, जिसे वह ढूँढ़ रहा है। उसके चेहरे पर उदासी के भाव स्पष्ट दिखाई दे रहे हैं तो यह मुद्रा दरशाती है कि व्यक्ति हताश, उत्साहहीन या निराश है। उसे अपने किसी काम में सफलता नहीं मिल रही है। जिसकी वजह से वह परेशान है।

कोई व्यक्ति अपने कूल्हों पर दोनों हाथ रखकर तेज गति से आगे बढ़ता हुआ दिखाई दे रहा है। उसकी चाल में तेज गति साफ-साफ दिखाई दे रही है। इस प्रकार की चाल से यह सहज ही पता लगाया जा सकता है कि उसे अपनी मंजिल तक पहुँचने की जल्दी है। इसके पास पर्याप्त ऊर्जा होती है। ऐसे लोग काफी ऊर्जावान होते हैं। उनके पास भावी योजनाएँ बनाने की विशेष क्षमता होती है।

कोई व्यक्ति अपने दोनों हाथ पीछे बाँधकर थोड़ा सा सिर झुकाकर दार्शनिक मुद्रा में धीमी गति से आगे बढ़ता हुआ दिखाई दे रहा है। ऐसे लोग अकसर किसी गहरी चिंता या चिंतन में डूबे रहते हैं। ऐसे लोग चलते समय कभी राह में पड़े बड़े पत्थर को ठोकर मार देते हैं तो कभी कागज के छोटे से टुकड़े को भी पैर स्पर्श किए बगैर आगे बढ़ जाते हैं। ऐसे लोग समस्या के समाधान के लिए तमाम पहलुओं पर विचार करते हैं, वे अपने आपसे यह कहते रहते हैं, ''चलो इस समस्या के हल के लिए हर पहलू पर विचार करें।''

एक व्यक्ति बहुत ही शान से, सिर को ऊँचा उठाते हुए, हाथों को आजाद छोड़कर रोबीली चाल चल रहा है। इस तरह से चलनेवाले व्यक्ति आत्मसंतुष्ट प्रवृत्ति के होते हैं। ये लोग शानो-शौकत से जीना पसंद करते हैं। ऐसे लोग जब चलते हैं तो अपने हाथों को जानबूझकर एक विशेष अदा में हिलाते हैं तथा कदमों को विशेष अंदाज में आगे बढ़ाते हैं, ताकि सामनेवाले पर अच्छा प्रभाव पड़े।

□

हैंडशेक और व्यवहार

जो व्यक्ति अपने चश्मे को बार-बार उतारता है और उसे साफ करने लगता है, यह इस बात को दरशाता है कि वह व्यक्ति कोई निर्णय लेने के लिए परेशानी महसूस कर रहा है। उसके दिमाग में कई तरह की बातें चल रही हैं, पर वह सही निर्णय तक नहीं पहुँच पा रहा है।

हाथों की भी अपनी भाषा होती है, जो किसी से हाथ मिलाते समय समझी जा सकती है। हाथों का मिलन संचार का प्रभावशाली माध्यम है। बगैर परिचय के हाथ मिलाकर संचार करना भी एक कला है। किसी से हाथ मिलाते समय आप सामनेवाले व्यक्ति के दिल की बात को जान सकते हैं। हाथ मिलाने के ढंग से

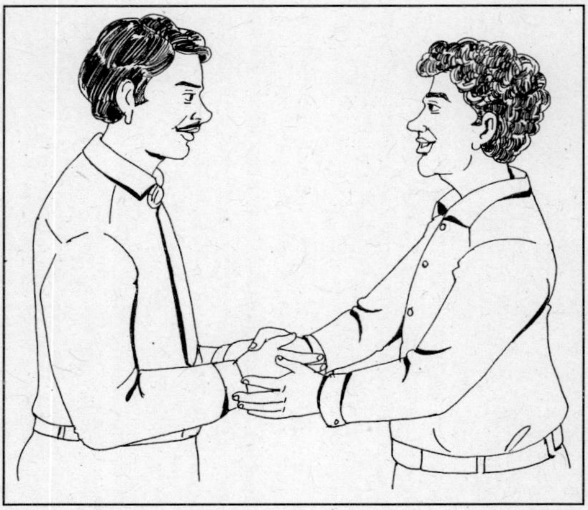

किसी के व्यक्तित्व और उसके मन में उठनेवाले विचारों को भी जाना जा सकता है।

हैंडशेक यानी हाथ मिलाने का तरीका लोगों के व्यक्तित्व को दरशाता है। बॉडी लैंग्वेज विशेषज्ञ टॉम केल का कहना है कि आप हैंडशेक के अंदाज से सामनेवाले के व्यक्तित्व को पढ़ सकते हैं। हैंडशेक के अंदाज से आप महिला-पुरुष के व्यक्तित्व व स्वभाव से उसके व्यक्तित्व के बारे में पता लगा सकते हैं।

हाथ मिलाने का चलन कब से शुरू हुआ यह तो कह पाना बहुत मुश्किल है। इस विषय में लगातार किए गए अनुसंधान से पता चला है कि हाथ मिलाना गुफा मानव युग से चलन में है। उस वक्त जब भी कोई अपनी गुफा से बाहर निकलता था। उस वक्त अपने हाथों को आगे कर और हथेलियों को दिखाकर यह बताने की कोशिश करता था कि उसके हाथ में कोई हथियार नहीं हैं। आगे चलकर हवा में हथेलियाँ रखने के संकेत में सुधार होता गया। सूनी हथेली, हवा में हथेलियाँ, दिल पर रखी हथेली जैसे अनेक संकेत बदले।

यह भी माना जाता है युद्ध में हथियार त्यागकर आत्मसमर्पण की मुद्रा का आधुनिक रूप हैंडशेक है। युद्ध खत्म करने के लिए हथियारों को त्यागकर अपने दोनों हाथों को समर्पण की मुद्रा में आगे बढ़ना, फिर हाथ मिलाना। रोमन शासन के दौरान लोग एक-दूसरे को करीब खींचकर भुजाओं को पकड़कर मिलते थे। वक्त के साथ-साथ इनके रूप भी बदलते गए और हाथ मिलाने की मुद्रा दुनिया भर में प्रचलित हो गई।

एक जमाने में हर कोई हर किसी से हाथ नहीं मिला सकता था। हाथ मिलाने के कुछ नियम बने हुए थे, जिसका पालन न करने पर सजा का प्रावधान था। गरीब लोग अमीर लोगों से हाथ नहीं मिला सकते थे। नौकर लोग अपने मालिक के पैर छू सकते थे। अमीर लोग अमीर लोगों से हाथ ही नहीं मिलाते थे, गले भी मिलते थे। अमीरों को राजा-महाराजाओं के हाथ पकड़ने व उसे चूमने की इजाजत थी।

स्त्री को पुरुष के हाथ छूने की व पुरुष को स्त्री के हाथ छूने की इजाजत नहीं थी। इस नियम का उल्लंघन करने पर कोड़े मारने की सजा दी जाती थी।

हाथ मिलाने का रिवाज पूरी दुनिया में है, पर इसका प्रयोग अलग-अलग तरीके से होता है। फ्रांस में मेहमान के घर पर आने तथा उसके लौटते वक्त हाथ मिलाया जाता है। जर्मनी के लोग मेहमानों के आगमन पर केवल एक ही बार हैंडशेक करते हैं। अफ्रीका के कुछ इलाकों में हैंडशेक करना बुरा माना जाता है।

आज आधुनिक युग में हैंडशेक का अर्थ है स्वागत करना। किसी का स्वागत करते समय पहले उससे हाथ मिलाते हैं। हाथ मिलाते समय हथेलियों की इंटरलॉकिंग खुलापन, उदारता और उनका एक-दूसरे से स्पर्श अपनेपन के भाव को व्यक्त करता है। ग्लोबल हो जाने की वजह से आज सारी दुनिया में हाथ मिलाने का रिवाज एक सा हो गया है। लोग अपने-अपने अंदाज में हाथ मिलाकर खुशी व्यक्त करते हैं।

मनुष्य के हाव-भाव व उनकी शारीरिक मुद्राओं का अध्ययन करनेवाले विशेषज्ञों का कहना है कि हैंड शेकिंग से भी व्यक्ति के शख्सियत का पता लगाया जा सकता है। आमतौर पर हम यह देखते हैं कि नर्वसनेस की हालत में हमारी हथेलियों में पसीना आने लग जाता है। शिथिल, ढीला या डेडफिश हैंडशेक किन्हीं विशेष परिस्थितियों में ही किया जाता है।

जब कोई ढीले-ढाले ढंग से हाथ मिलाता है। वह सुस्त, हताश व निराश किस्म का व्यक्ति होता है। बुझे दिल से हाथ मिलाने की भाषा यह स्पष्ट कर देती है कि वह व्यक्ति उससे मिलकर खुश नहीं है। वह तो केवल दिखावे के लिए ही

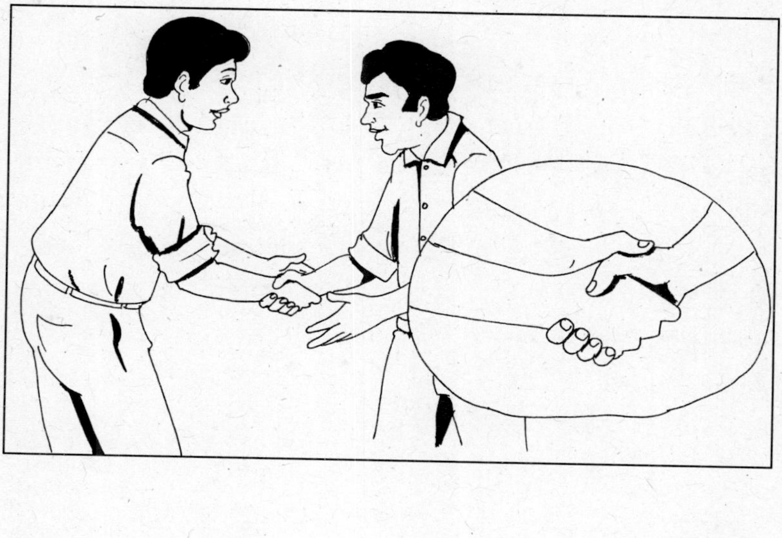

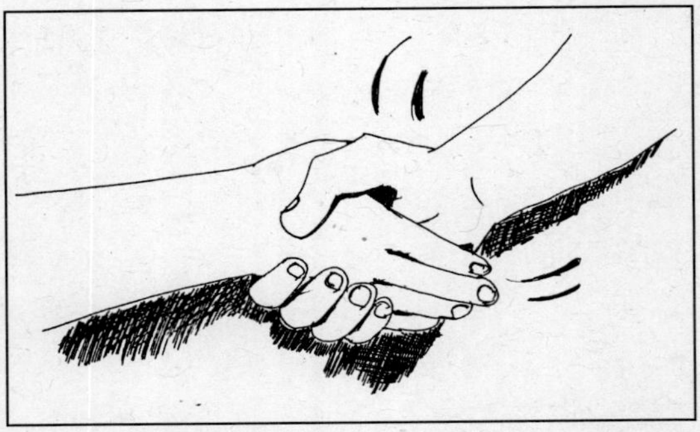

उससे हाथ मिला रहा है। जो काम उस व्यक्ति को बताया है वह या तो करेगा नहीं, यदि करेगा भी तो उसमें उसे कोई विशेष सफलता नहीं मिलेगी या वह उस काम को अधूरा ही करेगा। वह तो केवल उसका मन रखने के लिए ही उससे हाथ मिला रहा है। वह मुँह से तो इस काम के लिए इनकार नहीं कर रहा है, लेकिन उसके हाथ मिलाने की मुद्रा उसके अंदर की भावनाओं को दरशा देती है।

इसके विपरीत जब कोई पूरे जोश के साथ हाथ मिलाता है तो यह स्पष्ट हो जाता है कि वह व्यक्ति आपसे मिलकर प्रसन्न है और आप कुछ भी कहेंगे वह उसे पूरा करने के लिए मन से कोशिश करेगा। वह उस काम को पूरा करने के लिए प्रयत्न करेगा, जिससे उसे सफलता भी मिलेगी। ऐसे लोग से हाथ मिलाने पर स्पष्ट हो जाता है कि वह सच्चे मन से मिल रहा है।

जोशीले व कमजोर लोगों के हाथ मिलाने के अंदाज में फर्क होता है। जोशीला व्यक्ति जब किसी से हाथ मिलाएगा तो वह बड़े जोश के साथ शान से हाथ मिलाएगा। ऐसे लोगों का हाथ काफी ऊर्जावान होता है। उनके हाथ पकड़ने मात्र से एनर्जी मिलने लगती है। इसके ठीक विपरीत कमजोर व्यक्तित्ववाले हाथ सूखी लकड़ी के समान लगते हैं।

हैंडशेक करते वक्त जिनका हाथ सीधा व तना हुआ होता है, यह आदर और संपन्नता का प्रतीक है। इसे मर्द की तरह हाथ मिलाना कहते हैं। जब कोई आगे बढ़कर हाथ मिलाता है, इसका मतलब वह दिल से स्वागत कर रहा है। हाथ बढ़ाने पर भी जो व्यक्ति हाथ न मिलाए, वह स्वार्थी, मतलबी व घमंडी किस्म का व्यक्ति है।

हैंडशेक करते समय यदि सामनेवाला एक हाथ को ऊपर और दूसरे हाथ को नीचे रखे तो समझना चाहिए वह आप पर हावी होना चाहता है। वह चाहता है कि आप उसके कहे अनुसार चलें।

हैंडशेक करते समय यदि कोई आपके हाथ को अपने हाथों में ढक लेता है, समझें वह साफ दिल का व्यक्ति है। वह आपके लिए कुछ भी करने के लिए तैयार

है। वह भरोसेमंद व ईमानदार है। इसे ग्लव हैंडशेक कहा जाता है। ध्यान रहे पहली मुलाकात में किसी अनजान व्यक्ति द्वारा इस तरह से हाथ मिलाना इस बात का संकेत है कि सामनेवाला व्यक्ति बेईमान, स्वार्थी, मतलबी व धोखेबाज है। वह किसी भी समय धोखा दे सकता है। ऐसे व्यक्ति से बचना चाहिए।

ढीले-ढाले अंदाज में हैंडशेक करनेवाले बड़े मूडी और लेजी स्वभाव के होते हैं। उनके हैंडशेक का अंदाज यह बताता है कि वे आपसे संतुष्ट नहीं हैं। उनके मन में यह बात बैठी हुई होती है कि उनकी महत्त्वाकांक्षाएँ सामनेवाले से पूरी नहीं होंगी।

हैंडशेक के समय हाथ को जोर से दबानेवाले घमंडी, गुस्सैल, किसी की बात न माननेवाले, अपनी बात मनवानेवाले और अपनी ही हाँकनेवाले होते हैं। बार-बार हैंडशेक करनेवाले या हाथों को हाथों में लेकर उँगलियों से हलके-हलके सहलानेवाले स्वार्थी किस्म के होते हैं। यदि ऐसा कोई फिमेल करे तो समझना चाहिए, वह सेक्सी स्वभाव की है। अपने स्वार्थ की पूर्ति के लिए कुछ भी कर सकती है।

हैंडशेक के वक्त कोई स्त्री आपको अपनी ओर खींचे तो समझें वह किसी से भयभीत है, उसे सुरक्षा की जरूरत है। यह भय उसका अनजाना भय भी हो सकता है। गर्मजोशी से हैंडशेक करनेवाली और हाथों को चूमनेवाली हँसमुख और साफ

दिल की पवित्र होती है।

दो जनों से एक ही साथ हैंडशेक करनेवाली स्त्री के बारे में यह राय है कि उसके एक से अधिक बॉयफ्रेंड हो सकते हैं। गंदे, खुरदुरे, मैलभरे नाखून जैसे हाथों वाली जिससे हैंडशेक करने की इच्छा न हो वह फूहड़, कामचोर, अस्वच्छ, जिद्दी स्वभाववाली होती है। हैंडशेक की बजाय सिर्फ उँगलियों को टच करनेवाली काफी घमंडी, स्वार्थी स्वभाववाली होती है।

कुछ लोगों के हाथ मिलाने का अंदाज बहुत ही ढीला होता है। उनके हाथ

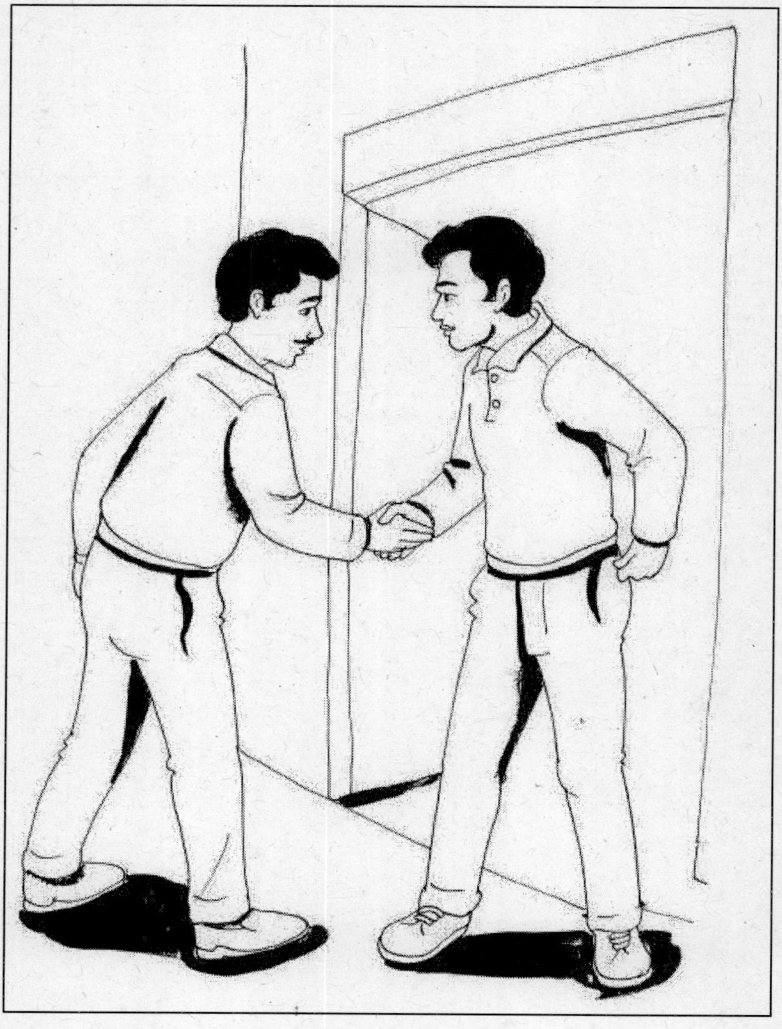

मरी हुई मछली की तरह होते हैं। ऐसे लोग बड़े ही ढीले स्वभाव के होते हैं। उन्हें दुनिया के किसी भी तरह के लोगों से मिलने में आनंद नहीं आता है। उन्हें दुनिया की सारी चीजें बेकार सी लगती हैं। वे किसी की बात पर भी विश्वास नहीं करते हैं।

आगे की ओर कुछ झुककर हाथ बढ़ाकर हाथ मिलानेवाले विश्वासी, कर्मठ व ईमानदार होते हैं। यदि वे अपना संतुलन एक पैर पर रखते हैं तो जान लें वे अपनी बात रखने के लिए अपनी जान तक की बाजी लगा सकते हैं। हाथ मिलाते वक्त सामनेवाले की उँगलियों को जकड़ लेनेवाला व्यक्ति उत्साही और खुशनुमा व्यवहारवाला होता है। पोरों को पीसने यानी तेजी से दबानेवाला अव्यावहारिक, गँवार या उज्जड किस्म का व्यक्ति होता है। उँगलियों की नोंक को पकड़नेवाले में आत्मविश्वास की कमी होती है। वह डरपोक स्वभाव का होता है।

हाथ मिलानेवाला व्यक्ति यदि सामनेवाले को अपनी ओर खींच ले तो इसके दो मतलब होते हैं। पहली बात वह अधिक अपनापन दिखा रहा है तथा वह सामनेवाले की बात से काफी प्रभावित है। इस वजह से वह बाँहों को खींचकर अपने करीब लाना चाहता है।

दूसरी बात व्यक्ति सामनेवाले पर प्रभाव जमाने की कोशिश कर रहा है। वह कहना चाह रहा है कि तुम मेरे करीब आओ, मैं जैसा कहूँ वैसा ही करो।

डबल हैंडशेक करनेवाले यानी अपने दोनों हाथों से सामनेवाले के दोनों हाथों को हाथ में लेनेवाले जोशीले, विश्वासी व गंभीर किस्म के होते हैं। वे जो भी काम करते हैं, स्पष्ट रूप से करते हैं। जिसे वे दिल से चाहते हैं, उनके लिए कुछ भी करने के लिए तैयार रहते हैं।

क्रॉस हैंड मिलानेवाले व्यक्ति बेवकूफ, मतलबी व बेकार लोग होते हैं। उन्हें न अपनी चिंता होती है, न दूसरों की। कोई-कोई दोनों हाथों को क्रॉस में पकड़कर

फुगड़ी (एक प्रकार का खेल जिसमें क्रॉस हाथ पकड़कर बच्चे गोल-गोल घूमते हैं।) खेलने जैसे घूमने लगते हैं। ऐसे लोग दिखने में सीधे-सादे होते हैं। बाहर से कुछ अंदर से कुछ और ही होते हैं। एक नंबर बदमाश व धोखेबाज होते हैं। उनके दिमाग में सामनेवाले को ठगने का प्लान चलता ही रहता है।

दाएँ हाथ मिलाने के साथ बाएँ हाथ से सामनेवाले की कलाई पकड़नेवाले सरल, शांत व सहयोगी किस्म के होते हैं। वे कलाई पकड़कर कही गई बात पर सहमति व सहयोग की बात कहना चाहते हैं। जो लोग कलाई की बजाय कोहनी के ऊपर पकड़ते हैं, वे अपनी भावनाओं को अधिक स्पष्ट तरीके से उजागर करने की कोशिश करते हैं। किसी दूसरे व्यक्ति के बाँहों को पकड़नेवाले अपनी सहानुभूति प्रकट करना चाहते हैं। उनका कहना होता है, तुम दुःखी मत हो, मैं तुम्हारे साथ हूँ।

यदि कोई सामनेवाले के दोनों बाँहों को पकड़कर जोर-जोर से झिंझोड़े तो इसका मतलब है वह आपको काफी चाहता है। वह अपने अपनेपन व प्यार का इजहार कर रहा है।

□

हाव-भाव से जानें

जब कोई गुस्से में होता है, उसकी भृकुटियाँ तन जाती हैं। जब वे खीज निपोरते (दाँत दिखाना) हैं, उस वक्त आक्रमक की मुद्रा में होते हैं।

आज तक ऐसी कोई मशीन का आविष्कार नहीं हुआ है, जिसके द्वारा इनसान के मन की बात को समझा जा सके या स्क्रीन पर लाइव मैच की तरह देखा जा सके। अलबत्ता लंबे समय से अनेक देशों के वैज्ञानिक, मनोवैज्ञानिक, समाजशास्त्री

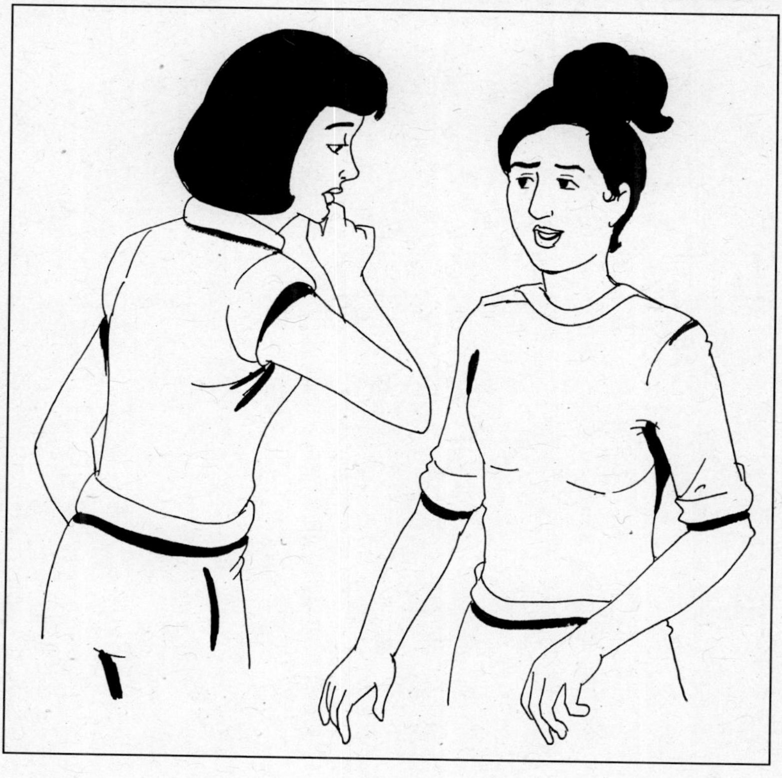

द्वारा इनसान के विविध शारीरिक मुद्राओं, हाव-भाव, शरीर के अंदर पड़नेवाले प्रभाव का अध्ययन किया जा रहा है। किसी के बारे में उसके हाव-भाव के द्वारा उसके स्वभाव, चरित्र, रहन-सहन आदि के बारे में जाना जा सकता है।

मजेदार बात यह है कि हमारे बुजुर्गों ने इनसान के बाहरी व आंतरिक शरीर में होनेवाली हरकतों द्वारा उसके स्वभाव, व्यवहार और चरित्र के बारे में काफी सालों पहले जान लिया था। इसका उल्लेख हमारे पुराने ग्रंथों, मुखाकृति विज्ञान और सामुद्रिक शास्त्र में मिलता है। देह की भाषा यानी बॉडी लैंग्वेज को पढ़ना बड़ा ही मुश्किल काम है। इसे बड़ी सावधानी के साथ पढ़ने व प्रयोग करने की आवश्यकता होती है। देश, काल, अवसर के अनुसार भाषा बदल जाती है।

आपसी बातचीत का मूलभूत तरीका आदिकाल से एक जैसा ही है। जैसे हाथ हिलाना, सिर हिलाना, टाटा करना, आँखों द्वारा मौन स्वीकृति देना, सहमति व्यक्त करना आदि बातें देह के इशारों से संपन्न हो जाती हैं। शरीर के हाव-भाव निरंतर संकेत देते हैं। बाल, चेहरे, मुसकान, चलने का अंदाज, बोलने की अदा आदि से सामनेवाले के बारे में बहुत कुछ समझा जाता है। यह भी समझा जाता है कि किसका मूड किस तरह का है।

किसी के द्वारा होंठों को चबाना उसके अंदर के तनाव को दरशाता है। भौं को चढ़ाना गुस्सा व तेवर को दरशाता है। आँखों को मलना विश्वास न होना तथा कान के पीछे की ओर खुजलाना यह दरशाता है कि वह निर्णय लेने की स्थिति में नहीं है। आँखें फेरकर बात करना यानी वह झूठ बोल रहा है या कुछ छुपाने की कोशिश कर रहा है। टाँगों का हिलना यानी वह कुछ नर्वस है। नाखून चबाना अर्थात् वह भय या घबराट में है। झुके हुए कंधे इस बात को दरशाता है कि व्यक्ति आर्थिक परेशानी में है।

बॉडी लैंग्वेज जानने के लिए मुद्राओं को पढ़ना एक कला है। इसे पढ़ने के लिए कुछ मेहनत की जरूरत होती है। धीरे-धीरे यह समझ में आ जाती है। यहाँ इनसान के विभिन्न मुद्राओं से उसके स्वभाव को जान सकें, अतः इस बारे में जानकारी दी जा रही है।

• *मुद्राओं को पढ़ना*

बस स्टैंड, रेलवे स्टेशन, एयरपोर्ट, पार्क आदि ऐसे स्थान हैं, जहाँ आने-जाने वालों की मुद्राओं को देखकर इसे पढ़ना आसान होता है। ये ऐसे स्थान हैं जहाँ हमेशा अधिकतर लोगों का आना-जाना होता है। यहाँ आकर लोगों के हाव-भाव

व विभिन्न मुद्राओं को ध्यानपूर्वक देख सकते हैं। हर आने-जानेवाले को आप गौर से देखें तो पाएँगे कि हर कोई अपने आप में अलग अंदाज में चला जा रहा है। किसी के भाव, किसी की मुद्रा किसी दूसरे से भी नहीं मिलते हैं। किसी के चेहरे पर उत्साह तो किसी के चेहरे पर उदासी के भाव होते हैं।

जो यात्री अपने रिश्तेदारों और मित्रों से मिलते हैं, वे बहुत खुश नजर आते हैं। उनकी चाल में गजब की फुरती व उत्साह नजर आता है। अपने रिश्तेदारों व मित्रों के इंतजार में खड़े व्यक्ति जब बार-बार पंजों के बल ऊँचे होकर उनको यात्रियों की भीड़ में ढूँढ़ते हैं, तो अपने रिश्तेदारों के प्रति उनकी आत्मीयता का परिचय मिलता है।

इनसान के मुद्राओं पर यदि लगातार निगाह रखी जाए तो उसे आसानी से पढ़ा जा सकता है। जो लोग अपनों को रिसीव करने आते हैं उनके चेहरे पर खुशी के भाव होते हैं। जिनका कोई लंबे समय के लिए बाहर जा रहा हो, उनके चेहरे पर उदासी के भाव होते हैं। जो लोग लगातार टूर पर जाते रहते हैं, उनके चेहरे पर बोरियत भरी होती है। वे बेमन से जा रहे होते हैं। कहीं दूर काम की तलाश में जानेवाले के चेहरे पर तनाव के भाव होते हैं। पता नहीं नया शहर उसके लिए कैसा होगा।

कभी कोई अपनी हथेली पर चिकोटी काटकर आशंकित व पशोपेश की मुद्रा में होते हैं कि वे उड़ान भरकर यहाँ तक आ गए। उन्हें जैसे विश्वास ही नहीं होता है। कोई ट्रेन के लेट होने पर अपने आपको कोस रहा होता है। किसी को एक ट्रेन से दूसरी ट्रेन पकड़ने की जल्दी होती है। वह ट्रेन की तलाश में होता है। आपके शहर में पहली बार आनेवाले लोग शहर का नजारा देख रहे होते हैं।

कोई बेंच पर एक पैर को दूसरे पैर पर लॉक करके, हाथों को समेटकर एकदम सीधी पोजीशन में बैठे हुए नजर आएँगे। ऐसे लोग अकसर यात्रा करनेवाले होते हैं। इन्हें पता है किस टाइम पर ट्रेन या प्लेन आएगी। वे अपने कान एनाउंसमेंट

पर लगाकर रखते हैं। यहाँ कुछ ऐसे लोग भी नजर आएँगे जो अपने दोनों हाथों की उँगलियों को एक-दूसरे में फँसाकर, दोनों अँगूठों के ऊपरी भागों को एक-दूसरे पर मारते हुए नजर आएँगे। ऐसी मुद्राओंवाले नर्वस होते हैं। वे अपने नर्वसनेस को छुपाने की कोशिश में लगे रहते हैं।

किसी टेलीफोन बूथ में फोन करते हुए लोगों की मुद्राओं का अध्ययन कर यह जान सकते हैं कि फोन करनेवाला व्यक्ति कौन है और वह फोन पर किससे बातचीत कर रहा है। कोई सूट-बूट पहने टेलीफोन बूथ पर फोन का रिसीवर लेकर बड़े ध्यान से किसी से फोन पर बात कर रहा है तथा उसका सारा ध्यान दूसरी तरफवाले व्यक्ति की बातों पर हैं, वह उसके हर सवालों का उत्तर बहुत ही आराम से दे रहा है। कुल मिलाकर उस व्यक्ति के हाव-भाव व मुद्रा से लगता है कि वह जरूर कोई सेल्समैन है, जो अपने ग्राहक से बात कर रहा है। वह अपने ग्राहक से इस तरह एकाग्रचित होकर बात कर रहा है मानो ग्राहक उसके सामने खड़ा है।

जब कोई व्यक्ति टेलीफोन बूथ में अपने शरीर को ढीला छोड़कर, थोड़ा झुककर किसी से बात कर रहा है। तो वह अपने पुराने मित्र के साथ बात रहा है। यदि कोई बूथ की दीवार से आराम से खड़े होकर रिसीवर को बिलकुल मुँह के पास सटाकर बात कर रहा है तो इसका मतलब है वह अपनी प्रेमिका से बात कर रहा है। जो पब्लिक बूथ पर चिल्ला-चिल्ला कर बात करते हैं, वे अनपढ़ या कम पढ़-लिखे लोग होते हैं। वे दूसरे की सुविधा-असुविधा को देखे बिना ही चिल्लाकर बात करते रहते हैं।

• चेहरे पर उभरनेवाले भावों को पढ़ना

बॉडी लैंग्वेज की भाषा हर किसी को सीखनी चाहिए। यह भाषा एक मनोवैज्ञानिक भाषा है। इसका इस्तेमाल हर किसी को कहीं भी करने की जरूरत

पड़ सकती है। प्रसिद्ध मनोवैज्ञानिक जेन टेमप्लिटन टिंग ने सेल्समैन के लिए कहा कि उसे बॉडी लैंग्वेज का अच्छा जानकार होना चाहिए, तभी वह अच्छा सेल्समैन बन सकता है।

इस बारे में प्रसिद्ध मनोवैज्ञानिक जेन टेमप्लिटन टिंग ने सेल्समैन के लिए एक पुस्तक लिखी है, जिसमें सेल्समैन द्वारा ग्राहक के भावों को पढ़ने के बारे में लिखा है। यदि ग्राहक की आँखें झुकी हुई हैं और उसने अपना मुँह घुमा लिया है, तो सेल्समैन को यह समझ लेना चाहिए कि ग्राहक आपके प्रोडक्ट में दिलचस्पी नहीं ले रहा है। परंतु यदि ग्राहक चेहरे से प्रसन्न दिख रहा है, उसके चेहरे पर कृत्रिम हँसी नहीं है, उसकी ठुड्डी आगे की ओर है तो समझिए कि वह आपके प्रोडक्ट पर विचार कर रहा है। यदि ग्राहक सेल्समैन की तरफ कुछ सेकंड के लिए एकटक देख रहा है, साथ ही मुसकरा रहा है तथा उसकी मुसकराहट नाक तक पहुँच रही है तो समझिए कि वह उत्पादन को खरीद लेने का पक्का इरादा बना रहा है। उसके चेहरे पर मुसकराहट छा जाती है और उसके चेहरे पर उत्सुकता का भाव है तो समझिए कि ग्राहक प्रोडक्ट खरीद लेगा।

बॉडी लैंग्वेज की अच्छी जानकारी रखने के लिए चेहरे पर उभरनेवाले भावों को पढ़ना आना जरूरी है। चेहरे के उभरते भावों को पढ़ने के लिए लोगों के चेहरे को गौर से देखना जरूरी है। इसके लिए आप सीधे किसी के चेहरे व आँखों को देखकर पढ़ना नहीं सीख सकते। इसके लिए आपको छुपकर उन पर निगाह रखनी

होगी। इस बात का भी ध्यान रखना पड़ेगा कि उनके काम में बाधा न पड़े। न उन्हें यह भी पता चले कि कोई उन पर निगाह रखे है।

ऐसी जगह भी होनी चाहिए, जहाँ किसी की निगाह आप पर पड़ने पर वह समझ न सके, न ही आपको वह कुछ कह सके। चेहरे पर उभरनेवाले भाव के अध्ययन के लिए सार्वजनिक स्थल-बस स्टैंड, रेलवे स्टेशन, पार्क, सी-बीच, मॉल, एयरपोर्ट, मार्केट, सेमिनार, पार्टी की बैठक आदि जगह सुविधाजनक होता है।

• मुद्रा एवं संकेत

कई बार लोग बातचीत के दौरान अपना एक हाथ सामनेवाले के कंधे पर रख देते हैं। जब कोई दाएँ हाथ से सामनेवाले का हाथ पकड़ता है और बाएँ हाथ उसके कंधे पर रखता है, इस तरह की मुद्रा आपसी घनिष्ठता को दरशाता है। दो जिगरी दोस्त आपस में मिल रहे हैं।

जब भी आप मुद्राओं का निरीक्षण करें, उसके साथ होनेवाले भावनात्मक परिवर्तनों को भी नोट करें। किसी विशेष परिस्थिति में कुछ लोगों का व्यवहार खुलेपन से रिजर्व एटिट्यूड में बदल जाता है। कुछ अपवादों को छोड़ दें तो मनुष्य आमतौर पर अपने दिल की बात को कहने के लिए नॉन वर्बली कम्यूनिकेट करता है। ऐसे लोगों की बातों में भावनात्मकता झलकती है।

किसी व्यक्ति की शख्सियत को समझने के लिए उसकी कही गई बातों और उसके हाव-भाव में तालमेल पर गौर करें। बाद में व्यक्तिगत संकेतों तथा संकेत समूहों के बीच तालमेल रखें। अपने रोजमर्रा के जीवन में अलग-अलग मौकों जैसे बिजनेस या सोशल कॉन्टेक्ट्स से आप उक्त निरीक्षण कर किसी के बारे में पक्की धारणा बना सकते हैं।

किसी व्यक्ति का व्यवहार कितना ओपन है यानी खुला है, वह कितना आपके प्रति समर्पित है या आप से प्रभावित है, यह जानने के लिए उसके हाव-भाव को जानें, खुलेपन के हाव-भावों का निरीक्षण कर किसी भी व्यक्ति को

परखा जा सकता है।

खुले हुए हाथवाली मुद्रा आमतौर पर इस मुद्रा का अर्थ किसी व्यक्ति की ईमानदारी, सच्चाई एवं उसके खुलेपन को दरशाता है। जब लोग झुँझलाते हैं, तब वे अपने दोनों हाथों को सीने तक ऊपर लेकर कहते हैं, "आखिर आप मुझसे चाहते क्या हैं ?" जब कोई परेशान होता है वह अपने दोनों कंधों को उचकाता है। अपनी हथेलियों को ऊपर की ओर उठाते हुए अपनी असमर्थता व्यक्त करता है।

आप जिंदगी में भले ही ऐसी मुद्रा पर ध्यान न दें, पर फिल्मों में परेशान व्यक्ति की मुद्रा को दिखाने के लिए इसे जरूर इस्तेमाल किया जाता है। अपनी भावनाओं को व्यक्त करने के लिए फिल्मी कलाकार इसी मुद्रा को अपनाते हैं।

जब कोई बच्चा अच्छे नंबर पाता है। वह गर्व से पेश होने के लिए अपने दोनों हाथ सामने की ओर खुला रखता है। खुशी से वह फुला हुआ होता है। जब उसके मन में कोई संदेहास्पद स्थिति होती है, वह खुद को अपराधी महसूस करता है, उस वक्त वह अपने हाथों को पीठ के पीछे या जेब में छुपा लेता है।

• *किसी मीटिंग में*

बिजनेस मीटिंग के दौरान आमतौर पर यह देखा जाता है कि कुछ सदस्य अपना कोट उतार देते हैं।

कोट के बटन खुले होना व्यक्ति के आत्मविश्वास को दरशाता है। विशेषज्ञों द्वारा बिजनेस मीटिंग की वीडियो फिल्म का बारीकी से अवलोकन करने के बाद पाया कि जिन सदस्यों के कोट के बटन खुले थे वे किसी नए एग्रीमेंट के प्रति अधिक उत्साही दिखाई दे रहे थे। जबकि जिन सदस्यों के कोट के बटन लगे हुए थे, वे किसी एग्रीमेंट के प्रति अधिक उत्साही नजर नहीं आ रहे थे। उनमें तनाव झलक रहा था।

बिजनेस मीटिंग में जिन लोगों के जैकेट के बटन बंद होते हैं, हाथ बाँधकर बैठे होते हैं वे रिजर्व किस्म के लोग होते हैं। मीटिंग में जो सदस्य

हाथों को सामान्य स्थिति में रखते हैं, उनके कोट के बटन खुले हुए होते हैं। इस मुद्रा से यह अंदाजा लगाया जा सकता है कि वह सदस्य नए प्रपोजल पर पॉजिटिव विचार कर रहा है।

बिजनेस मीटिंग की फिल्म में विशेषज्ञों ने यह भी देखा कि जो सदस्य मीटिंग के दौरान अपने कोट को उतारकर रख देते हैं, उनकी मुद्रा अटेंशनवाली होती है। उनके चेहरे पर उत्साह देखा गया, वे पॉजिटिव नजरियावाले होते हैं। जो अपने पैर को क्रॉस करके टेबल से सटकर बैठते हैं, वे भी पॉजिटिव नजरियावाले होते हैं। यदि उनका ध्यान मीटिंग में न होकर इधर-उधर है तो समझें उन्हें प्रपोजल में कोई उत्साह नहीं है।

• *किसी पार्टी में*

बॉडी लैंग्वेज विशेषज्ञ डॉ. टिकवुल ने पार्टी में फैमली मेंबर को पहचानने के लिए एक घटना का वर्णन करते हुए जानकारी दी। एक नवविवाहिता के पति शादी के कुछ दिनों बाद अपने परिवार के सदस्यों को एक पार्टी दी। इस पार्टी में उसके परिवार के तमाम रिश्तेदार और मित्र के परिवार आमंत्रित थे। उसके पास इतना समय नहीं था कि वह सभी फैमली मेंबर से अपनी पत्नी का परिचय करवाए। पति ने अपनी नवविवाहिता पत्नी से कहा कि वह बिना बातचीत किए यह जानने का प्रयास करे कि पार्टी में फैमिली मेंबर कौन हैं और फ्रेंड्स कौन हैं?

नवविवाहिता के लिए यह बहुत मुश्किल हो गया था कि वह पार्टी में उपस्थित पारिवारिक सदस्यों व गैर-पारिवारिक सदस्यों की पहचान कैसे करे? नवविवाहिता ने इसे चैलेंज के रूप में स्वीकार किया। उन्हें पहचानने के लिए दस प्रयास किए, जिनमें से आठ प्रयास सही साबित हुए। नवविवाहिता ने सिर्फ कोट के बटन खुले रखनेवाले व कोट को उतार देनेवालों पर निगाह रखी। वह सबको पहचान गई। उसमें से उसने केवल दो गलती की थी।

इनमें एक फैमिली फ्रेंड निकला जिसे नवविवाहिता ने फैमिली मेंबर बताया,

दरअसल यह मेंबर उसके पति का नजदीकी दोस्त था जो पिछले बीस वर्षों से उनके पारिवारिक कार्यक्रमों में शरीक होता था। उसने इस पार्टी में अपने कोट के बटन खोल रखे थे। नवविवाहिता ने दूसरी गलती अपने उस फैमिली मेंबर को पहचानने में की, जो पारिवारिक प्रोग्राम में कभी-कभार ही शरीक होता था। वह पारिवारिक सदस्य एकांतप्रिय था और जो पारिवारिक कार्यक्रमों से दूर ही रहना पसंद करता था और उसके कोट के बटन बंद थे। डॉ. टिकवुल का कहना है कि किसी भी पार्टी में आप निगाह दौड़ाकर सिर्फ कोट के बटन खुले-बंद से पार्टी के व्यक्ति को आसानी से पहचान सकते हैं।

समझें शरीर की भाषा को—

- खुलापन—खुले हाथ, खुली हथेलियाँ, खुले बटन, खुले होंठ।
- भरपूर आत्मविश्वास—स्मार्टनेस, अटेंशन की मुद्रा, सीधी कमर, ऊँची गरदन, आँखों में चमक, बुलंद आवाज।
- घबराहट—सीटी बजाना, सिगरेट पीना, गला साफ करना, मुँह ढकना, सिक्कों या चाबी से खेलना, हाथ मोड़ना, उँगलियाँ चटकाना।
- निराशा—सिर पर हाथ फेरना, गरदन पर हाथ करना, छोटी-छोटी साँस लेना, कड़क व मुड़े हुए हाथ।
- सहयोग की भावना—खुलकर बातें करना, आँखों में चमक, शरीर आगे की ओर झुका होना, आगे कदम बढ़ाना।
- रक्षात्मक रुख—बँधे हाथ, इधर-उधर झाँकना, दूर भागना, आँखें मलना, बचने की कोशिश करना।
- असुरक्षा की भावना—नाखून चबाना, पेन या पेंसिल चबाना, बचने की कोशिश

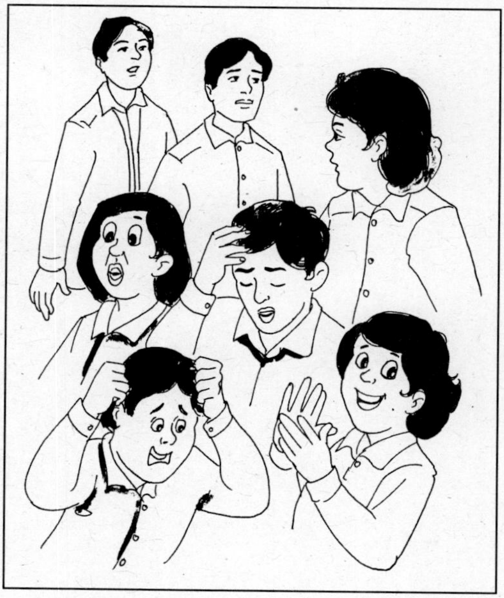

करना, पीछे हटना, चेहरे पर पसीना आना।

- झूठ—मुँह या आँखें फेरकर बात करना, आँखें न मिलाना, बातों को बार-बार बदलना, सिर झुकाकर पैरों के अँगूठे से जमीन कुरेदना।
- उलझन—सिर खुजलाना, कान के पीछे या नाक खुजलाना।
- आक्रोश—पैर से चीजों को ठोकर मारना, हथेली पर मुक्का मारना, चीजें पटकना।
- गुस्सा—बालों को नोंचना, चेहरा तमतमाना, आँखें लाल होना, चीखना-चिल्लाना।
- सहमति—आँखें झुकी होना, करीब आना, चेहरे पर चमक, शरीर में स्फूर्ति।
- असहमति—हाथ झटकना, मुँह फेर लेना, मुँह बनाना, आँखें बड़ी करना।
- अपनापन—गले मिलना, हाथ मिलाना, मुँह चूमना, सिर पर हाथ फेरना।
- नर्वस—टाँगें हिलना, हाथ पैरों में कंपन, हाथ या चेहरे पर पसीना आना, प्यास लगना, गला सूखना, हकलाना।
- उत्साह—खुश होना, उछलना, खुलकर हँसना, नाच उठना, चिल्लाना।
- आनंद—ताली बजाना, हँसना, मजे लेना, दोनों हाथों को ऊपर उठाकर नाचना।

□

सोने की पोजिशन बताए हाल

प्रेमी-प्रेमिका, पति-पत्नी आँखों में आँखें डालकर एक-दूसरे की बॉडी लैंग्वेज को पढ़ने में माहिर होते हैं। जो प्रेमी-प्रेमिका या पति-पत्नी एक-दूसरे के देह की भाषा को नहीं पढ़ पाते हैं, वे हमेशा दु:खी रहते हैं।

इनसान की जिंदगी का एक बहुत बड़ा हिस्सा दूसरों के बारे में सोचने और उन्हें समझने में गुजर जाता है। इन सबके बावजूद वे एक-दूसरे सही तरीके से जानने या समझने में सफल नहीं हो पाते हैं, जबकि रोजमर्रा की ऐसी अनेक छोटी-छोटी बातों, जैसे—उसके उठने, बैठने, चलने, बातचीत करने, यहाँ तक कि सोने के तरीके से भी उसके व्यक्तित्व के बारे में जाना जा सकता है। प्रत्येक व्यक्ति का अपने आपमें स्वभाव अलग होता है। स्वभाव के अनुसार उसके सोने का अंदाज भी अलग होता है। सोने के ढंग से व्यक्ति के व्यक्तित्व के बारे में जाना जा सकता है।

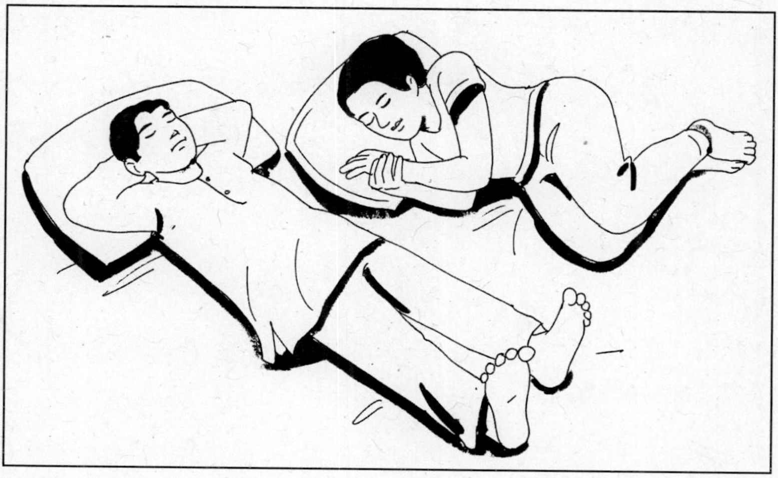

• गुड़ी-मुड़ी

जो लोग करवट लेकर दोनों पैरों को पेट तक मोड़कर सोते हैं, इसे गुड़ी-मुड़ी अवस्था में सोना कहते हैं। इस तरह से सोनेवाले इनसान ईर्ष्यालु और स्वार्थी होते हैं। ये लोग बहुत जल्दी क्रोधित हो जाते हैं। जिसकी वजह से इनसे लोग दूरी बनाकर रखना चाहते हैं।

• पीठ के बल दोनों हाथों को सिर के नीचे रखकर सोना

सीधे हाथ-पैर फैलाकर सोना यानी पीठ के बल सोनेवाले आरामपसंद और खर्चीली प्रवृत्तिवाले होते हैं। खुद को खूबसूरत दिखने के लिए तरह-तरह के उपाय करते हैं। ये लोग गप्पें लड़ाने में माहिर होते हैं। गप्पें लड़ाने में सबकुछ भूल जाते हैं।

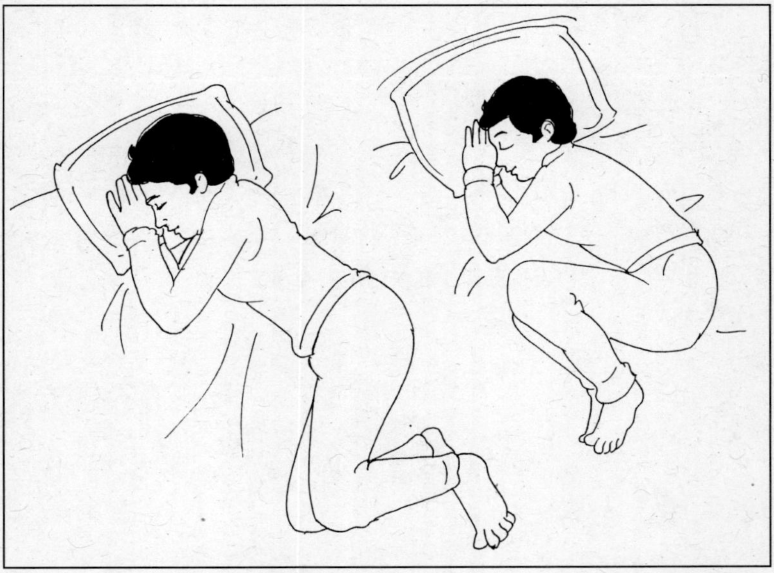

ऐसे लोग जो अपने दोनों हाथों को मोड़कर सिर के नीचे रखकर पीठ के बल सोते हैं, बुद्धिमान होते हैं। ऐसे व्यक्ति सभी से दोस्ताना रिश्ता रखते हैं। इनके दोस्तों की संख्या बहुत होती है। किसी को पसंद करने में इन्हें थोड़ा वक्त लगता है। इस तरह से सोनेवाले व्यक्ति अच्छे प्रबंधक होते हैं, लेकिन किसी को आसानी से पसंद नहीं करते हैं। शायद कुछ ज्यादा ही चूजी किस्म के होते हैं।

• करवट लेकर सोना

सोते समय व्यक्ति की मुद्रा अगर ऐसी होती है कि सिर तकिए पर एक तरफ करवट लिये हुए और पैर सीधे हैं तो ऐसे व्यक्ति भाग्यशाली होते हैं। करवट लेकर सोनेवाले इनसानों में आत्मविश्वास भरपूर पाया जाता है और वे हर क्षेत्र में सफल होते हैं।

• गठरी बनकर सोना

कुछ इनसान पैरों को छाती या कंधों तक मोड़कर सोते हैं। ये अकेलेपन और निराशा के संकेत हैं। इनमें आत्मविश्वास का अभाव होता है। आत्मविश्वास की कमी होने के कारण ये अकसर निर्णय लेने में देर या संकोच करते हैं।

करवट लेकर अपने घुटनों को पेट तक मोड़कर ठीक गर्भस्थ शिशु की मुद्रा में सोनेवाले व्यक्ति नरम दिल के और जज्बाती होते हैं। कोई भी बात इनके दिल को आसानी से चोट पहुँचा सकती है और किसी भी बात को लेकर ये अपसेट हो सकते हैं। ऐसे व्यक्ति अपनी आवश्यकताओं को दूसरों से आगे रखते हैं।

• घुटने मोड़कर सोना

एक पैर पेट तक मोड़कर सोनेवाले हमेशा हड़बड़ी में रहते हैं। ऐसे इनसान बात-बात पर शिकायत करनेवाले या किसी भी बात पर रोने या चिल्लानेवाले होते हैं। ऐसे लोग अकसर जल्दी हताश और तनावग्रस्त भी हो जाते हैं।

यदि व्यक्ति अपने दोनों घुटनों को मामूली सा मोड़कर करवट लेकर सोता है तो वह ईमानदार और प्रेममय इनसान है। स्वभाव से वे जज्बाती, विनम्र और शरीफ होते हैं। ऐसे व्यक्ति कभी किसी को इरादतन चोट नहीं पहुँचाते हैं। ये दिल के नेक होते हैं और लोग इन्हें पसंद करते हैं।

इस तरह से सोनेवाले व्यक्ति की ज्यादातर लोगों से अच्छी पटती है, क्योंकि

ऐसे व्यक्ति दूसरों में अच्छाइयों को देखते हैं और उनकी बुराइयों को नजरअंदाज कर देते हैं। इस तरह के गुण बहुत कम लोगों में मिलते हैं। मौका आने पर ऐसे व्यक्ति अपने प्रति बड़ी बेरहमी से पेश आते हैं और अपनी आलोचना स्वयं करने लगते हैं। यदि इनसे कोई गलती हो जाए तो वे काफी परेशान हो जाते हैं और कई दिनों तक इसी बात पर सोच-विचार करते रहते हैं।

• *बिस्तर बंद*

बिस्तर बंद यानी सोते समय सिर से पैर तक चादर ओढ़कर सोना। बिस्तर बंद की शक्ल में सोनेवाले व्यक्ति दोहरे व्यक्तित्व के होते हैं। ऐसे व्यक्ति दूसरों के सामने काफी सख्त और दृढ़ नजर आते है, लेकिन दरअसल ये स्वभाव से शर्मीले, भावुक और अंतर्मुखी होते हैं।

• *पेट के बल*

पेट के बल, औंधे मुँह सोनेवाले व्यक्ति आत्मकेंद्रित और संकुचित विचारों के होते हैं। वे चाहते हैं कि दूसरे उनकी जरूरतों को समझें और मदद करें। इस तरह से सोनेवाले व्यक्ति संतुलित बुद्धिवाले और ठंडे दिमाग के होते हैं। ऐसे व्यक्ति अपने विचारों पर अड़ जाते हैं और दूसरों के विचारों को आसानी से स्वीकार नहीं करते हैं। अपनी आवश्यकताओं की पूर्ति के लिए दूसरों को आदेश देते हैं, लेकिन दूसरों के साथ एडजस्ट करने में इन्हें थोड़ी परेशानी होती है। इसके बावजूद ऐसे व्यक्ति लोकप्रिय होते हैं।

• *पैरों को क्रॉस कर पीठ के बल सोना*

जो लोग पीठ के बल सोते हैं और सोते समय पैरों को एक-दूसरे के ऊपर क्रॉस करके रखते हैं तो इसका अर्थ है कि वे थोड़े घमंडी किस्म के होते हैं और अपनी ही धुन में रहनेवाले होते हैं। किसी भी तरह के बदलाव को स्वीकारना इन्हें कठिन लगता है।

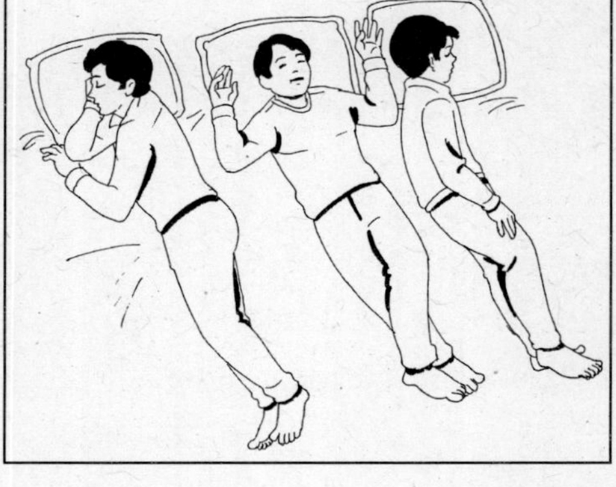

ये सोचते हैं कि वह जैसा चाहते हैं, सबकुछ वैसा ही हो। इस तरह से सोनेवाले व्यक्ति हमेशा अपने अतीत में खोए रहते हैं। इन्हें अकेलापन अच्छा लगता है। ये स्वभाव से उदार और सहनशील होते हैं।

जो लोग सीधे, हाथों को सिर के नीचे क्रास बनाते हुए सोते हैं, ऐसे इनसान काफी जोशीले और समझदार होते हैं, लेकिन बेतुके विचारों से भरे होते हैं। वे अपने परिवार की अच्छी तरह से देखभाल करना चाहते हैं, लेकिन तरीका नहीं जानते हैं।

□

एसेसीरिज पर ध्यान दें

किसी के कैरेक्टर को पहचानना एक मनोवैज्ञानिक कला है। बॉडी लैंग्वेज विशेषज्ञों का कहना है कि हम शरीर के आकार-प्रकार, हाव-भाव, उठने-बैठने के तरीकों, ड्रेस, एसेसीरिज, बातचीत, लिखावट आदि से उसके व्यक्तित्व की पहचान कर सकते हैं।

• *पर्स बताते हैं आपका व्यक्तित्व*

पर्स भी लोगों के स्वभाव के बारे में बहुत कुछ बता देता है। जो व्यक्ति ऑफिस, शॉपिंग, सफर, लोगों से मिलने व पार्टी में जाने के लिए हर जगह एक ही पर्स ले जाते हैं, वे लापरवाह टाइप के इनसान होते हैं।

विभिन्न अवसरों के अनुसार अलग-अलग प्रकार के पर्स इस्तेमाल करनेवाली महिलाएँ व्यवहारकुशल और सलीकेदार होती हैं। उन्हें प्रत्येक काम को व्यवस्थित रूप से करना पसंद होता है। ऐसी महिलाएँ पर्स में अपना सारा सामान यथास्थान रखती हैं। जैसे—फोन की छोटी डायरी हो या पहचान पत्र जैसे चीजों

को भी पर्स में उनके रखने के स्थान पर ही रखती हैं।

जो महिलाएँ घर से बाहर जाते समय खूब सजती-सँवरती हैं, कपड़ों की मैचिंग, ज्वैलरी व चप्पलों पर खास ध्यान देती हैं, लेकिन अपने पर्स की ओर ध्यान नहीं देती हैं, ऐसी महिलाएँ लापरवाह किस्म की होती हैं।

जिन महिलाओं की पर्स बदरंग होती है, पर्स की सिलाई उधड़ी हुई होती है, फटी-पुरानी होती है, यह उसके आर्थिक स्थिति को उजागर करती है कि उसकी आर्थिक स्थिति ठीक नहीं है।

जो महिलाएँ अपने पर्स में बेकार का सामान ठूसकर रखती हैं, वे महिला व्यवस्थित व सलीकेदार नहीं होती हैं। उनके सारे काम ही बिखरे-बिखरे होते हैं। उन्हें न अपनी परवाह होती है, न ही घर के लोगों की।

जिनके पर्स या बैग गंदे व मैले-कुचले होते हैं, वे आलसी स्वभाव के होते हैं। किसी भी काम को करने में देर करते हैं। काम को सलीके से भी नहीं करते हैं। अपने आलसी स्वभाव की वजह से हर जगह पर देर से पहुँचते हैं।

जिनके बैग हमेशा साफ व चमकते रहते हैं, सलीके से काम करना उनकी आदत होती है।

• लिपस्टिक दरशाती है स्त्री की मनोवृत्ति

जो महिलाएँ मौसम, समय और अवसर को ध्यान में रख मेकअप करती हैं, वे अपना काम सलीके से करना पसंद करती हैं।

कामकाजी महिलाएँ जो ड्रेस, प्रोफेशन, पार्टी आदि को ध्यान में रखकर मेकअप नहीं करतीं वे काफी लापरवाह किस्म की होती हैं। इन्हें अपने किसी काम से लगाव नहीं होता है।

गहरा मेकअप करनेवाली स्त्री दबंग किस्म की होती है। वहीं हलका मेकअप करनेवाली सरल स्वभाव की होती है। मेकअप के दौरान होंठ पर लगाए जानेवाले लिपस्टिक को देखकर उस महिला के व्यक्तित्व के बारे में जाना जा सकता है।

यदि महिला द्वारा लिपस्टिक का प्रयोग करते समय लिपस्टिक का आकार गोल हो जाता है तो इससे पता चलता है कि वह महिला स्वभाव से मिलनसार है और हमेशा खुश रहती है। उसे खुलापन पसंद है।

यदि लिपस्टिक का आकार गहरी टेढ़ाई लिये हुए है तो यह उसके अंदर छुपे हुए आवेग को दरशाती है। ऐसे स्वभाववाली महिला कुछ कर दिखाना चाहती है और अपने आस-पास के लोगों को भी प्रोत्साहन देती है। इनमें जीवन के प्रति

उत्साह और आशा भरपूर होता है। वह रोमानी मनोवृत्ति की होती है।

कई महिलाओं की लिपस्टिक प्रयोग करने से समतल रहती है। ऐसे महिलाएँ स्वभाव से ईमानदार और दूसरे के साथ समान भाव रखनेवाली होती हैं। ऐसी महिलाओं का हृदय कोमल होता है। इन्हें सादगी पसंद है। जिन महिलाओं की लिपस्टिक प्रयोग करते-करते नुकीली हो जाए तो यह उनके संतुलित व उद्यमी जीवन को दरशाता है।

• जूते बताते हैं आपका व्यक्तित्व

बॉडी लैंग्वेज विशेषज्ञों का मानना है कि पुराने या घिसे हुए जूते देखकर भी लोगों के स्वभाव और व्यक्तित्व का पता लगाया जा सकता है। अगर किसी व्यक्ति का जूता अंदर से फट गया है तो समझ लीजिए कि वह व्यक्ति असंतोष का जीवन व्यतीत कर रहा है। वह इस असंतोष के जीवन से निकलना तो चाहता है, लेकिन उसमें साहस की कमी होती है।

किसी के जूते के तल्ले के बीच छेद हो गया है तो समझ लीजिए कि ऐसे जूते का मालिक पहननेवाला नाप-तोलकर बात करने का आदी है और हर मामले में बहुत सोच-विचार के बाद निर्णय करता है। प्रायः ऐसे व्यक्ति पैसे दाँत से पकड़े रहते हैं। लेकिन अवसर आने पर पानी की तरह पैसा खर्च करते हैं।

जिनके जूते के किनारे बाहर से थोड़े-थोड़े फट रहे हैं, ऐसे लोगों के बारे में

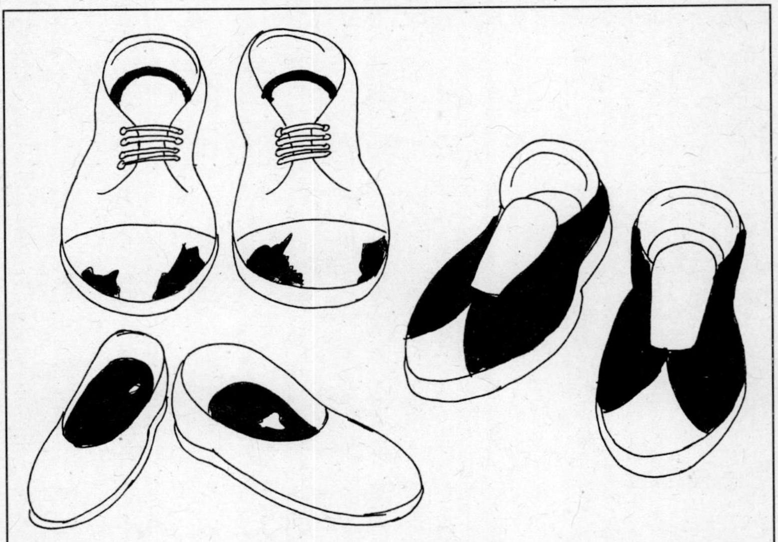

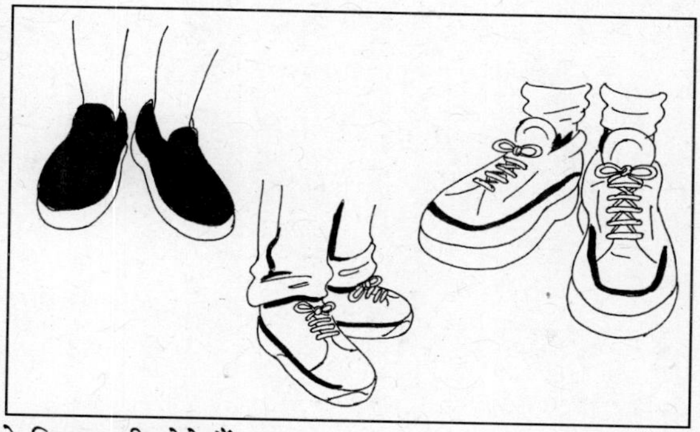

विशेषज्ञों का मानना है कि ऐसे इनसान स्वभाव से हँसमुख, जिंदादिल, बेबाक, रोमांटिक और मधुर स्वभाव के होते हैं। ऐसे लोगों को कोई भी व्यक्ति चापलूसी से प्रसन्न कर सकता है। ये विद्वान भी होते हैं।

किसी के जूते का बाहरी किनारा पूरी तरह फट गए हैं तो समझें कि वह व्यक्ति मनमौजी स्वभाव का है। उसे किसी जिम्मेदारी की चिंता नहीं होती है। ऐसे लोग फिजूलखर्ची होते हैं। ऐसे लोग अपनी पत्नियों को बिलकुल खुश नहीं रख पाते हैं। पति-पत्नी के बीच मनमुटाव बना रहता है।

जिनके जूते बुरी तरह से घिसे हुए होते हैं वे इनसान सदैव चिंता में डूबे रहते हैं। ऐसे लोग हमेशा संघर्षशील रहते हैं। सफलता उनसे कोसों दूर भागती है। ऐसे लोग स्वभाव से चिड़चिड़े होते हैं। ये हमेशा संकटग्रस्त और परेशान रहते हैं।

जो लोग नए जूतों में स्टार या कील लगवाते हैं वे कंजूस होते हैं। ऐसे लोग बाजार में कोई भी वस्तु खरीदते समय खूब मोलभाव करते हैं। जो लोग एड़ियाँ रगड़-रगड़कर चलते हैं, वे जूतों को तो खराब करते ही हैं साथ-ही-साथ स्वयं भी अपनी जिंदगी को भी घसीट-घसीटकर गुजारते हैं। ऐसे व्यक्ति अभागे व दरिद्र होते हैं।

जिनके जूतों में पाँव की उँगलियों के निशान पड़ जाते हैं वे उग्र और झगड़ालू स्वभाव के होते हैं। ऐसे लोग शक्की स्वभाव के भी होते हैं। अच्छी तरह से पॉलिश किए चमचमाते जूते पहननेवाले सुंदर व्यक्तित्व व व्यवहारकुशल होते हैं। ऐसे जूते पहननेवाले पुरुष अपने काम के प्रति सतर्क तथा कुशल होते हैं। संवेंदनशील भी होते हैं। ऐसे पुरुष दूसरों की मदद करना पसंद करते हैं।

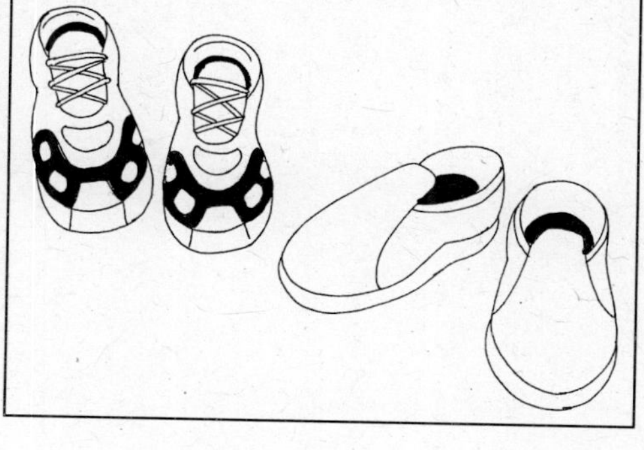

जो लोग अपने जूते की साफ-सफाई पर ध्यान नहीं देते हैं, गंदे जूते ही पहनते हैं, ऐसे पुरुष लापरवाह तथा आलसी स्वभाव के होते हैं। वे जीवन में सफलता तो चाहते हैं, परंतु उसके लिए जो प्रयत्न तथा लगन की आवश्यकता है उससे कतराते हैं। दौलत हासिल करने के लिए मेहनत से अधिक वे किस्मत के सहारे बैठना पसंद करते हैं।

• *गंदे नाखून*

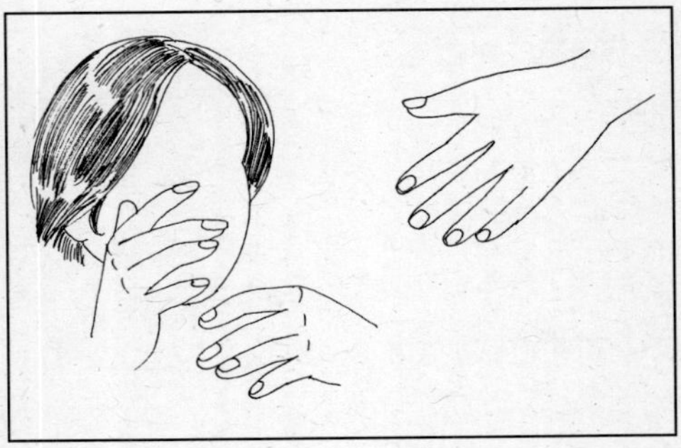

नाखूनों से भी सौंदर्य झलकता है। अतः नाखूनों पर ध्यान दिया जाना चाहिए। वास्तव में किसी की पोल खोलने में नाखूनों का काफी कुछ योगदान होता है। नाखूनों को देखकर व्यक्ति के व्यक्तित्व के बारे में भी अनुमान लगाया जा सकता है। व्यक्ति के नाखूनों को देखकर ही यह सहज अनुमान लगाया जा सकता है कि वह लापरवाह है या अपने कार्यों के प्रति सजग रहनेवाला यानी कर्मठ स्वभाव का है। वह अपनी साफ-सफाई पर कितना ध्यान रखता है।

यदि नाखून छोटे, साफ-सुथरे और बिना पॉलिशवाले हैं तो इसका अर्थ है कि वह व्यावहारिक है और अपने सभी कार्यों को समय से पूरा करता है। अगर नाखूनों की भरपूर सजावट की गई है तो इससे अंदाजा लगाया जा सकता है कि वह व्यक्ति अपने सौंदर्य के लिए काफी समय देता है। साथ-ही-साथ वह अपने सौंदर्य को निखारने में काफी पैसा भी खर्च करता है। ऐसे इनसान स्वभाव से अय्याश प्रवृत्ति के होते हैं।

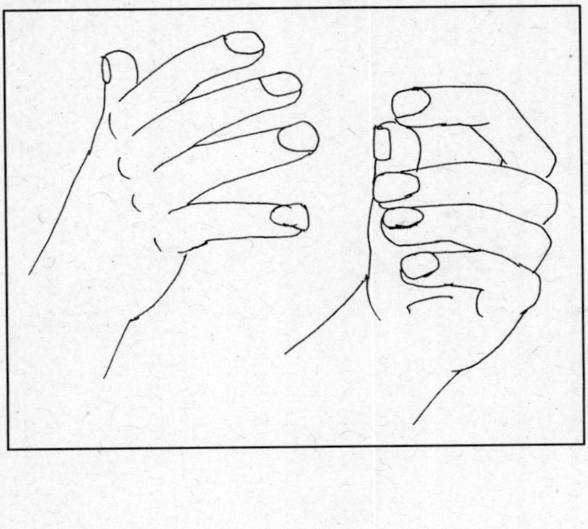

यदि व्यक्ति के नाखून साफ-सुथरे नहीं हैं और बेतरतीबी से ऊबड़-खाबड़ ढंग से बढ़े हुए हैं, उन पर पुरानी नेलपॉलिश लगी हुई

है और नाखूनों के आसपास मैल जमा हुआ है तो ऐसे व्यक्ति स्वभाव से लापरवाह और आलसी होते हैं।

• *सादी ड्रेस*

सीधे-सादी ड्रेस पहननेवालों का स्वभाव आडंबररहित व परंपरावादी होता है। ये सरल स्वभाव के होते हैं। ऐसे लोग अधिक जोशीले नहीं होते हैं, पर उनमें आत्मविश्वास भरपूर होता है। ऐसे लोग अपने आपको हर परिस्थिति में अच्छी तरह ढाल लेते हैं और जल्दी विचलित नहीं होते हैं।

• *साफ-सुथरे ड्रेस*

साफ-सुथरे तथा प्रेस किए हुए ड्रेस पहननेवाले पुरुष अनुशासनप्रिय, जोशीले तथा महत्त्वाकांक्षी स्वभाव के होते हैं। साफ-सुथरे ड्रेस उनमें आत्मविश्वास का परिचय भी देता है। ऐसे पुरुष मित्रता के प्रति अधिक उत्साही नहीं होते हैं। वे बहुत कम क्रोधित होते हैं, परंतु यदि क्रोधित होते हैं, तो बेहद आक्रामक हो सकते हैं।

• *अस्त-व्यस्त ड्रेस*

अस्त-व्यस्त ड्रेस पहननेवाले पुरुष अव्यवस्थित तथा निराशावादी स्वभाव के होते हैं, जो सदा जीवन के अँधेरे पहलू में ही सोचते हैं और उत्साहित होते हैं।

हमेशा थके-थके से रहते हैं। उनकी कोई महत्त्वाकांक्षा नहीं होती। ऐसे पुरुष प्राय: नीरस तथा बिना जोखिमवाले कार्य करना ही पसंद करते हैं।

• गहरे रंग के ड्रेस

गहरे रंग के ड्रेस पहननेवाले पुरुष आत्मविश्वासी तथा आत्मनिर्भर किस्म के होते हैं। वे खुले स्वभाव के होते हैं। अकसर जोशीले नहीं होते तथा दिल की बात केवल विशेष व्यक्तियों के साथ ही शेयर करना पसंद करते हैं।

• अनियमित डिजाइन के ड्रेस

अनियमित डिजाइन के कपड़े पहनने वाले पुरुष उदार तथा मित्रता रखनेवाले होते हैं। वे आलोचनात्मक भी होते हैं। ऐसे पुरुष कार्यकुशल होते हैं, परंतु कार्य की नीरसता से जल्दी ऊब जाते हैं।

• धारीदार ड्रेस

ऐसे पुरुष जो धारीदार ड्रेस पहनना पसंद करते हैं वे मस्तमौला किस्म के होते हैं। अकसर उनके परिवारवालों की उनसे शिकायत रहती है कि वे अपना काम अपनी पूरी योग्यता से नहीं करते हैं। वे कार्यकुशल होते हैं और अपना कार्य पूरा

करने के बाद जीवन का आनंद लेना अधिक पसंद करते हैं।

• *डॉट प्रिंटेड ड्रेस*

डॉटेड (छोटी-छोटी बिंदिया) ड्रेस पहननेवाले पुरुष संकोची तथा विचलित स्वभाव के होते हैं। अपनी कमियों को छुपाने के लिए दूसरों के सामने अपनी बड़ाई हाँकने से भी नहीं चूकते हैं। ऐसे पुरुष अपनी पत्नी के नियंत्रण में रहते हैं।

• *मोजे*

पैरों में पूरी तरह से कसे हुए मोजे पहनने वाले पुरुष बड़े जोशीले स्वभाव वाले होते हैं। ये अपनी स्फूर्ति को संचित करके रखते हैं। ऐसे व्यक्ति जीवन में सावधानी से अपना काम करते हैं। नए प्रयोग करने में हिचकिचाते नहीं हैं। अपने आत्मविश्वास तथा इच्छाशक्ति से ये अपने कार्य में सफलता प्राप्त कर लेते हैं।

ढीले-ढाले, मुड़े, फटे, गंदे मोजे पहननेवाले पुरुष लापरवाह तथा अव्यवस्थित किस्म के होते हैं। वे अपनी सुख-सुविधाओं के लिए चिंतित रहते हैं। घर या व्यवसाय में संतुलन नहीं रख पाते हैं तथा अकसर परेशान रहते हैं।

□□□